超ビジュアル！ 歴史人物伝
真田幸村
さなだゆきむら
矢部健太郎／監修
西東社
JN192743

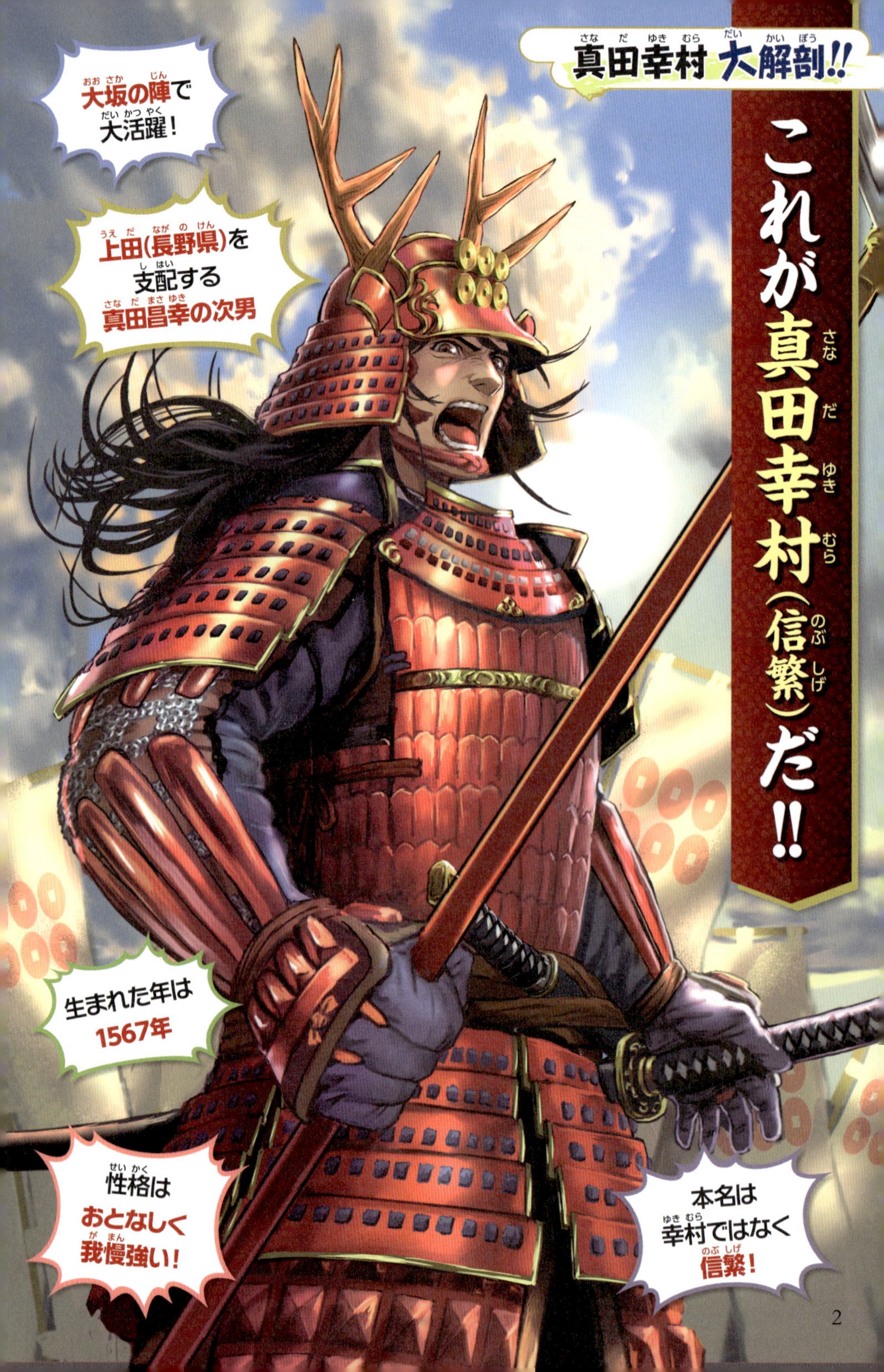
真田幸村大解剖!!
これが真田幸村（信繁）だ!!
大坂の陣で大活躍！
上田（長野県）を支配する真田昌幸の次男
生まれた年は1567年
性格はおとなしく我慢強い！
本名は幸村ではなく信繁！

死亡年月日は
1615年5月7日
享年49歳(満47〜48歳)
大坂で戦死

※歴史資料には「幸村」の名は使われていないため、この本では基本的に「真田信繁」と表記します。

幸村の人物相関図!!

(➡P70)

(➡P68)

(➡P72)

兄弟　父子

大谷家

(➡P117)

(➡P118)

対決するが信頼　父子

伊達家

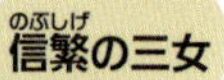

(➡P209)

(➡P207)

(➡P206)

徳川家

家康の子・江戸幕府2代将軍

徳川秀忠

(➡P208)

江戸幕府初代将軍

徳川家康

(➡P154)

家康家臣の本多忠勝の娘

小松姫

(➡P119)

結婚

対立

上杉家

越後(現在の新潟県)の戦国大名

上杉景勝

(➡P74)

豊臣家

秀吉の子

豊臣秀頼

(➡P155)

天下を統一

豊臣秀吉

(➡P75)

人質

信頼

信頼

人質

豊臣軍武将

豊臣軍の指揮官

大野治長

(➡P159)

元土佐(現在の高知県)の戦国大名

長宗我部盛親

(➡P158)

元豊臣家の家臣

毛利勝永

(➡P157)

元黒田家の家臣

後藤又兵衛

(➡P156)

これが幸村の人生だ!!

1歳 1567年 信繁が誕生する

➡P30

真田昌幸の次男として生まれる。

16歳 1582年 武田家がほろびる

➡P36

新府城を脱出し、父のいる岩櫃城へ向かう。

本能寺の変

16歳 1582年 天正壬午の乱が起こる

➡P42

織田軍の滝川一益の人質となる。

19歳 1585年 上杉家の人質になる

➡P48

昌幸が上杉家と同盟を結んだため、人質として差し出される。

19歳 1585年 第一次上田合戦

➡P50

昌幸、信幸らが徳川軍を撃破する。

私が本格的に活躍したのは、大坂冬の陣がはじまってからだ!

21歳 1587年 秀吉の人質になる

➡P54

昌幸が豊臣秀吉の配下になったため、人質として差し出される。

24歳 1590年 はじめて合戦で戦う

➡P58

秀吉の小田原攻めに参加し、初陣を飾る。

小田原城の戦い（➡P60）

24歳 1590年 忍城の戦いに参加する

➡P62

昌幸、信幸らと一緒に、忍城攻めに参加する。

27歳 1592年 名護屋城へ参陣する

➡P90

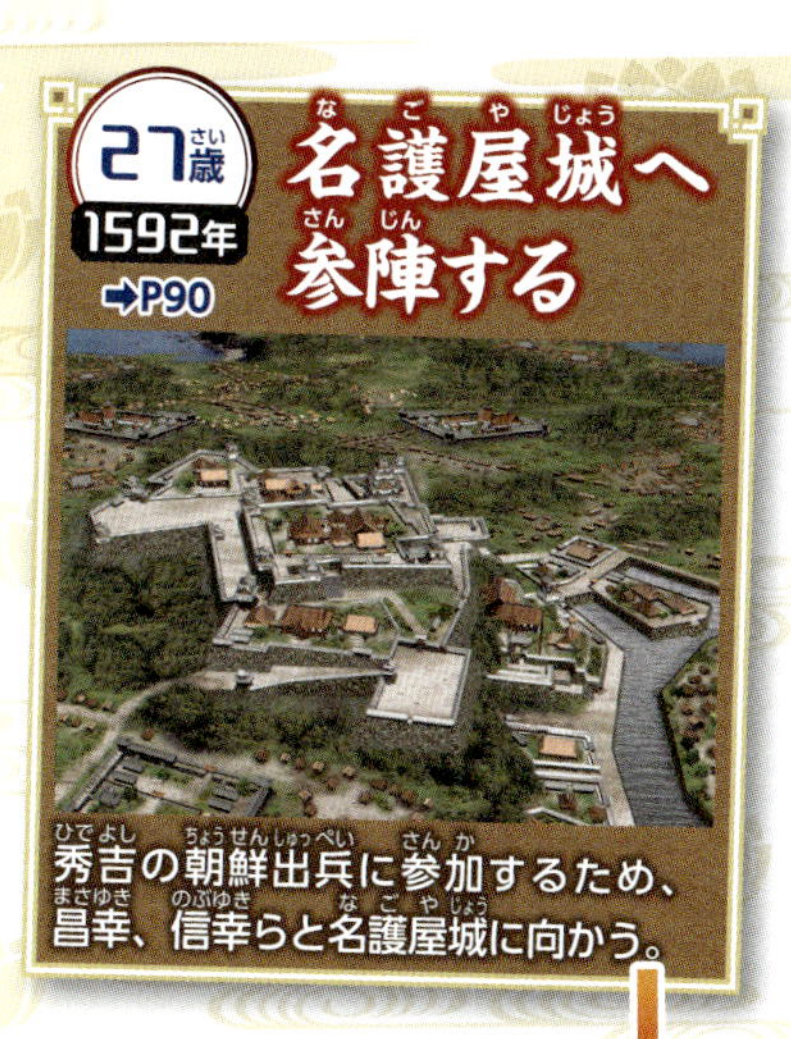

秀吉の朝鮮出兵に参加するため、昌幸、信幸らと名護屋城に向かう。

28歳 1594年 伏見城築城を手伝う

➡P92

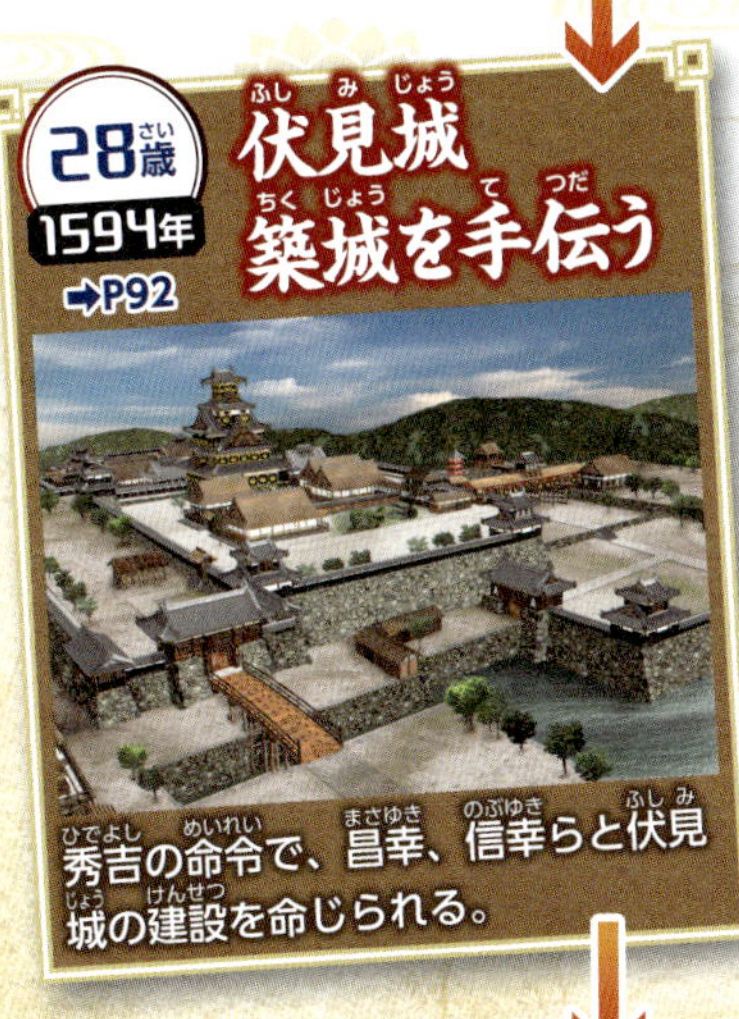

秀吉の命令で、昌幸、信幸らと伏見城の建設を命じられる。

28歳 1594年 竹林院と結婚する

➡P94

大谷吉継の娘と結婚する。

秀吉が病死する

P8へ

34歳 1600年 犬伏の別れ

➡P96

関ケ原の戦いで東軍と西軍のどちらに味方すべきか、昌幸、信幸らと話し合う。

34歳 1600年 第二次上田合戦

➡P100

昌幸と一緒に、徳川秀忠の大軍を撃破する。

関ケ原の戦い(➡P104)

34歳 1600年 九度山に追放される

➡P106

昌幸と一緒に九度山に追放される。

45歳 1611年 昌幸が病死する

➡P108

昌幸が九度山で死を迎える。

48歳 1614年 九度山を脱出する

➡P110

豊臣秀頼に招かれ、家族と一緒に九度山を脱出する。

48歳 1614年 大坂城に入城する

➡P136

九度山から大坂城に到着する。

真田丸を築く

48歳 1614年

➡P140

大坂城の南側に出城を建設する。

真田丸の戦い（大坂冬の陣）

48歳 1614年

➡P144

真田丸に徳川軍を引き寄せて、大打撃を与える。

誉田の戦い（大坂夏の陣）

49歳 1615年

➡P190

伊達政宗の鉄砲隊と激しく戦う。

家族を政宗にあずける

49歳 1615年

➡P192

決戦前、子どもたちを政宗に保護してもらう。

天王寺口の戦い（大坂夏の陣）

49歳 1615年

➡P194

家康の本陣に、決死の突撃をくり返す。

信繁が死を迎える

49歳 1615年

➡P198

休息中に徳川兵にうち取られる。

幸村ゆかりの地!!

父の昌幸と一緒にすごした上田(長野県)や九度山(和歌山県)に城跡などが残っている。

上田城

昌幸が建てた城だが、当時の城は破壊された。現在の城は江戸時代に再建されたもの(長野県)。

沼田城

昌幸が攻め取った後、信幸が入った(群馬県)。

犬伏新町薬師堂

「犬伏の別れ」の話し合いがおこなわれた場所とされる(栃木県)。

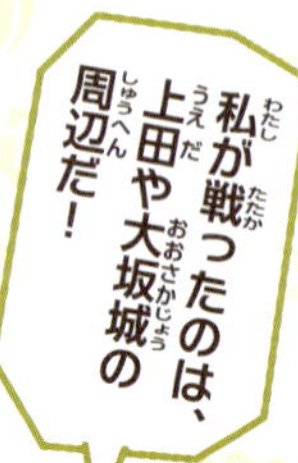

私が戦ったのは、上田や大坂城の周辺だ!

新府城

武田家の滅亡が近づくと、信繁と信幸は新府城から脱出した(山梨県)。

忍城

忍城の戦いの舞台となった場所。現在の三階櫓は1988年に再建された(埼玉県)。

大阪城

大坂冬の陣・夏の陣の舞台になった城。豊臣時代の大坂城は破壊された。現在の天守は1931年に再建された（大阪府）。

伏見城

秀吉が昌幸らに建てさせた城。現在の天守は1964年に想像で建てられた（京都府）。

安居神社

大阪城から約3.5km南にある神社で、信繁はここの境内で休んでいるところを敵兵にうち取られたという。

名護屋城

秀吉が朝鮮出兵の拠点として築いた巨大な城。現在、石垣などが残っている（佐賀県）。

真田庵

追放された信繁と昌幸が暮らした真田屋敷が、真田庵と呼ばれるようになったという（和歌山県）。

写真提供／公益社団法人和歌山県観光連盟

超ビジュアル！歴史人物伝

真田幸村

もくじ

2章 第二次上田合戦

3章 大坂冬の陣

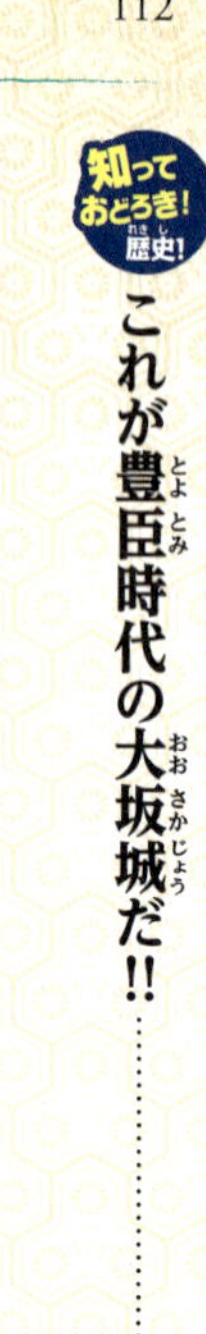

4章 大坂夏の陣

人物図鑑

この本の使い方

信繁の年齢
できごとが起きたときの信繁の年齢を示しています。

できごとイラスト
できごとの場面をイラストで再現しています。想像でえがいた場面もあります。

西暦と年齢
できごとが起きた年と、そのときの信繁の年齢を記しています。

人物のプロフィール
重要な人物を取り上げて、どのような人物だったかを簡単に説明しています。各章の最後の「人物図鑑」で、さらにくわしく説明しています。

地図
できごとや合戦が起きた場所を示しています。

できごと
信繁の人生で起こった重要なできごとを取り上げて紹介しています。

紹介したできごとに関連するエピソードを紹介します。

できごとに関連する絵や写真などの資料です。

現在でも見ることができる史跡などです。

絶対に本当とは言えないけれど、おどろくような説を紹介します。

- 年齢は数え年(生まれた年を「1歳」として、以降1月1日を迎えるたびに1歳ずつ増やして数える年齢)で示しています。
- マンガ、イラストは基本的に史実に基づいていますが、想像でえがいた場面もあります。
- 人物の生没年、できごとの日時・場所などには別の説がある場合もあります。
- 人物の名前が複数ある場合は最も一般的なものに統一している場合があります。

1章
人質（ひとじち）の人生

真田家の次男坊

1567年、甲府(山梨県)真田屋敷――
ほ~ら弁丸!
こっちじゃこっちじゃ!
う~
弁丸(後の真田信繁)

ははは、これは元気がよいな!
弁丸の父 真田昌幸

源三郎もこのとおり元気ですよ!
うむ!よいことじゃ!
弁丸の母 山手殿
弁丸の兄 源三郎

真田家は兄の信綱が継いだが、ともに真田を守っていくことは変わらん

ポン
真田を信頼してくださる武田信玄様に尽くしていけるよう…

おまえたち兄弟も一緒に真田家を支えてくれよ！
この頃、真田昌幸は甲斐（現在の山梨県）・信濃（現在の長野県）一帯を支配する武田信玄の家臣として、甲府に住んでいた。
信濃
上野
甲斐
甲府

しかしこの6年後、武田信玄はこの世を去った。
武田家を継いだ息子・勝頼は、1575年、長篠(愛知県)で織田信長に勝負を挑むが…
そんな…
兄上たちが…!?

この戦いで勝頼は信長に敗れ、真田家の当主・信綱は戦死した。

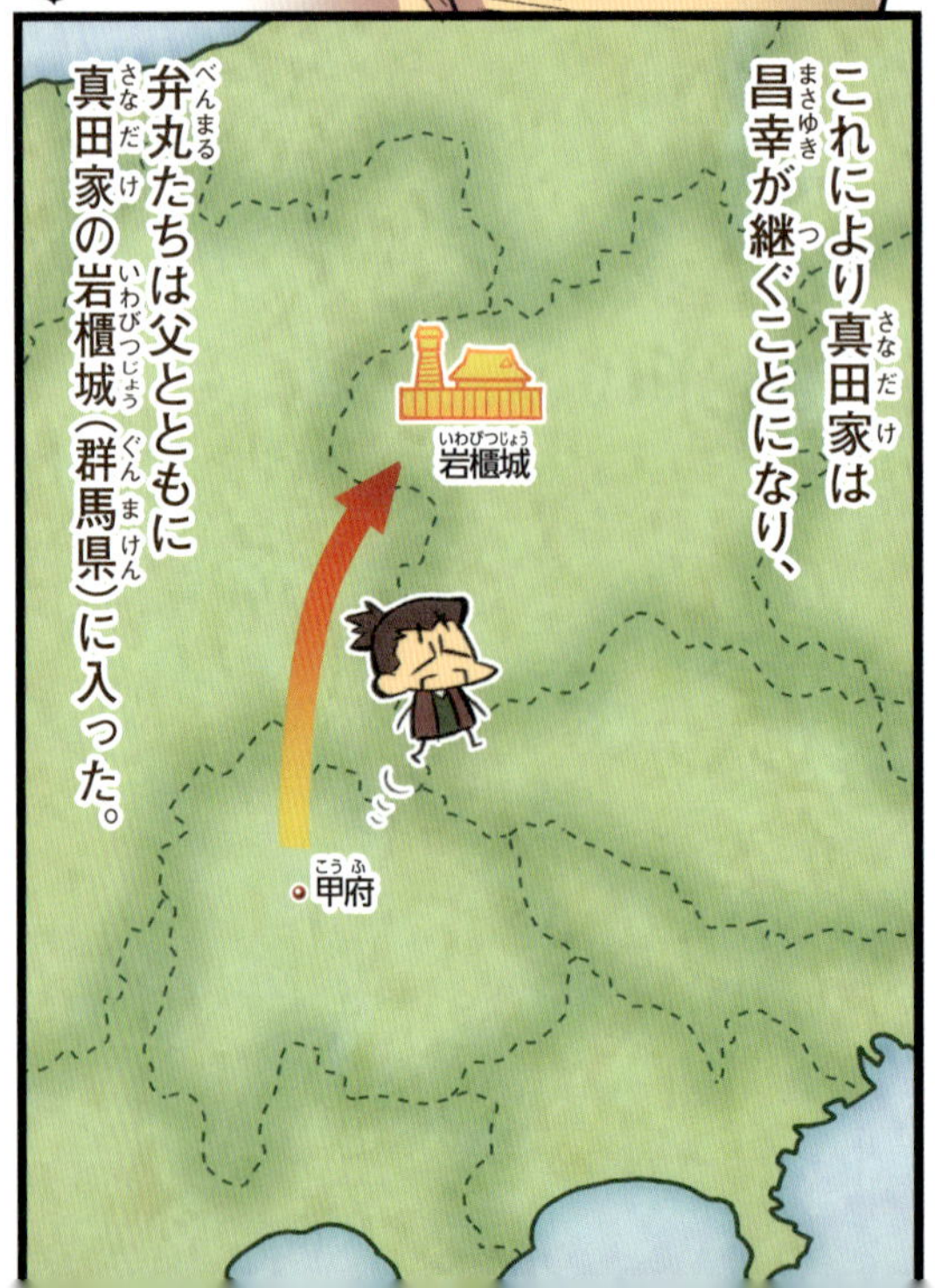
これにより真田家は昌幸が継ぐことになり、
岩櫃城
甲府
弁丸たちは父とともに真田家の岩櫃城(群馬県)に入った。

1582年、
織田信長と
徳川家康の
連合軍が
武田領に攻め
こんできた。
武田家の滅亡を
覚悟した勝頼は
人質を解放した。

勝頼様は自害され
武田家はほろんだ…
この真田領を守るには
誰かにつく必要がある…
ここは
織田についておくか……

しかし昌幸が織田についてわずか3か月後、
本能寺の変で信長は亡くなった。
まずいぞ…信濃と甲斐は織田領となってからまだ日が浅い…
領地のうばい合いになるぞ…！

昌幸の予想は的中し、大名たちは武田の領地だった信濃や甲斐、上野などをめぐって争いをはじめた。
天正壬午の乱である。
上杉景勝
沼田
上野
上田
信濃
甲斐
徳川家康
北条氏直

昌幸はこの混乱を利用して織田にうばわれていた沼田（群馬県）を取りもどした。
よし！ では次に沼田を守るためには…
沼田

いやはや、昌幸殿が味方になってくださるとは心強い！
徳川家康
沼田は、この家康が真田の領地としてお認めしましょう！
ありがとうございます！
これで上杉も北条も敵ではありませんな！
恐れ入ります
では上杉からの攻撃に備え、上田の地に城を築くのはいかがでしょう？
なるほど上田に城…
では昌幸殿、上田城はあなたにお任せします！
ははっ！

1583年、昌幸は上田城を完成させた。
すばらしい城ですね、父上!
北には山、南には川、城沿いには堀…

まさに完璧な要塞ですね!
東以外はな
この城なら上杉とも北条とも戦えますね!
こうして一か所だけすきをつくっておくと敵はそこにつけこもうとおのずと集まって来る
来るとわかっていれば攻めも守りも用意は容易い!
あぁ
それに徳川とも戦えるしな
!?

と、徳川とは同盟を…
ん――…
どうだかな… あの男の腹の中は…
またも昌幸の読みは的中した。
北条との和解のために沼田を差し出せと…!?
でも沼田は父上が勝ち取った領地ですよ!? それを徳川の都合で渡せだなんて……
そんなの勝手すぎます!
ゴゴゴゴゴ
そうじゃ! こんな勝手許さぬ!
信幸はわしと一緒にここで徳川を迎えうつ!
はいっ!
ち、父上! おれはっ?
徳川とは縁を切る! ひと戦起こすぞ!
おおっ!!
弁丸には重要な役割を果たしてもらうぞ!
わくわく

*越後
*現在の新潟県
真田が我ら上杉とともに徳川と戦ってくれるとは…
上杉景勝

頼りにしておるぞ弁丸殿！
ありがとうございます！

徳川と戦うため上杉ともう一度同盟を結ぶのだ！
だからってまた人質…

弁丸が落ちこんでいた頃、上田城に立てこもった昌幸はわずか約2000人の兵力で、
約7000人の徳川軍を奇想天外な作戦で撃退し、大勝利を収めた（第一次上田合戦）。

家康との長期戦をさけたい昌幸は、越後から弁丸を呼びもどした。
人質の役目、ご苦労であった!

父上も、徳川の大軍を相手に大健闘だったとか…

さっそくだがおまえにはまた人質になってもらう

…わかりました…
そうあからさまにがっかりするでない

今度は大坂の豊臣秀吉につく

次の天下は恐らく秀吉が取るだろう
天下人のもとへ行くと思えば少しは楽しかろう
はぁ…

1587年、
大坂城——

そう構えずともよい
秀吉様は私のような寺の子でも見出してくださるお方だ…何も心配…
おぉ!
石田三成

もしやそなた真田昌幸のせがれか!?
豊臣秀吉

秀吉様!? ここで何を…
ちょうどいい! こっちへ来い!

見えるか？
どうじゃ〜美人じゃろ！
えっと…
信長公の妹であるお市の方の娘、茶々様だ
茶々（後の淀殿）

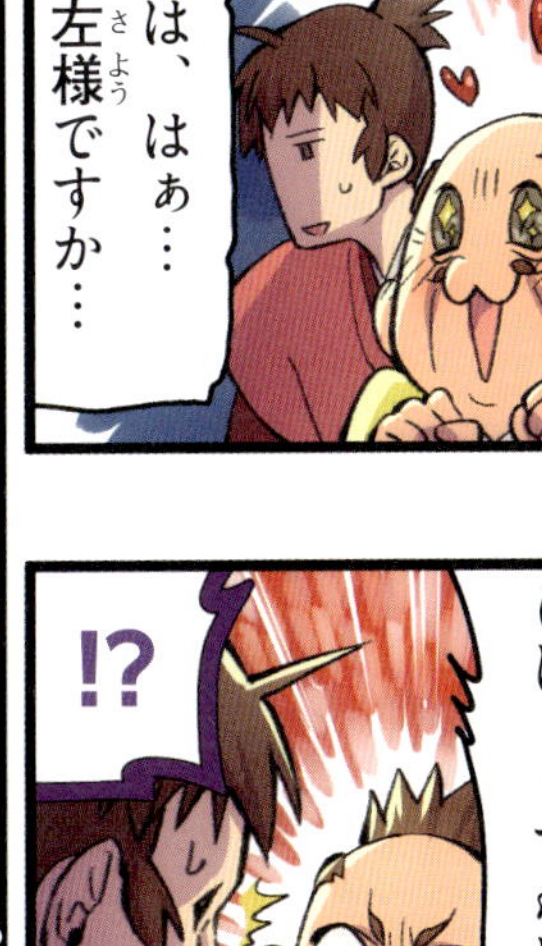

わしは茶々を嫁にしたい！
は、はぁ…左様ですか…

おぬしも知恵者なんじゃろ!? 嫁にするにはどうすればいい？
!?
三成は頭が固くてな！よい知恵を授けてくれたらおぬしに官位をやろう！
何をむちゃくちゃ言ってるんですか！
これが天下人!?

こ、これが…

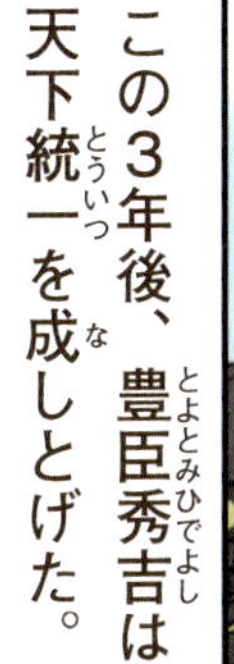

この3年後、豊臣秀吉は天下統一を成しとげた。

1567年 1歳

信繁が誕生する

信繁が真田昌幸の次男として生まれる！

生まれたばかりの弁丸

弁丸（後の真田信繁）は、武田信玄に仕える武将・真田昌幸の次男として生まれた。弁丸には1歳上の兄・源三郎（後の真田信幸）がいた。

信玄に仕える昌幸に長男と次男が誕生する

戦国時代後半、尾張（現在の愛知県）の戦国大名・織田信長が勢力を広げていた時期、甲斐（現在の山梨県）や信濃（現在の長野県）一帯は戦国大名・武田信玄が支配していた。信玄は優れた才能をもつ家臣を集め、戦国最強の騎馬隊を組織し、「甲斐の虎」と呼ばれて恐れられていた。

信濃の上田（長野県）を支配する真田幸隆は信玄に仕える武将で、幸隆の子どもたちも信玄の家臣になっていた。幸隆の三男・昌幸は、信玄から才能を評価され、側近（主君の側で仕える者）となり、甲府（山梨県）に住んでいた。1566年、甲府の真田屋敷で昌幸の長男・源三郎（後の真田信幸）が誕生し、翌年には次男が生まれ、弁丸と名づけられた。この弁丸こそ、後の真田信繁（真田幸村➡P3）であった。

ウソ！ホント!?
弁丸が誕生したのは1570年だった!?

弁丸が生まれたのは1567年とされる。これは、残されている多くの史料に「信繁の享年は49歳」と記されているためである。しかし、「信繁の享年は46歳」と記されている史料もいくつか残されており、これだと生まれたのは1570年になる。また、1567年の生まれだと、弁丸は20歳頃に*元服をしたことになり、当時としては不自然な歳のため、1570年説も有力となっている。

*男子が大人になったことを示す儀式で、11歳から17歳の間におこなわれた。

1575年 9歳

長篠の戦いが起こる

昌幸のふたりの兄・信綱と昌輝が戦死する！

長篠の戦い
武田勝頼が大軍を率いて徳川家康方の長篠城を包囲すると、織田信長は援軍を率いて設楽原（愛知県）に陣を構え、馬防柵を築いた。勝頼は信長を倒すため、武田騎馬隊に突撃を命じた。
武田騎馬隊
合戦場所
愛知県
設楽原

勝頼の無謀な作戦で信綱と昌輝が戦死する

1573年、武田信玄が病死し、子の勝頼が武田家を継いだ。このため真田家の当主・真田信綱（幸隆の長男）や、信綱の弟・真田昌輝、昌幸たちは勝頼に仕えた。

武田家の当主になった勝頼は、敵対していた織田信長や徳川家康に対して積極的に攻撃を開始し、1575年、徳川方の長篠城（愛知県）を包囲した。家康から援軍を求められた信長は、約3万人の大軍を率いて、長篠城近くの設楽原（愛知県）に陣を構えると、堀と土塁（土の堤防）を設け、全長約2kmにも及ぶ馬防柵（馬の突進を防ぐ柵）を築き、約3000丁の鉄砲を用意して待ち構えた。勝頼の家臣たちは、撤退を主張したが、勝頼は無視して、騎馬隊に突撃を命じた。

真田昌輝(1543～1575)

真田幸隆の次男。兄の信綱とともに、武田信玄、武田勝頼に仕え、武田騎馬隊50騎の指揮を任された。

真田信綱(1537～1575)

真田幸隆の長男で、幸隆の後を継いで真田家の当主となった。武田騎馬隊200騎を指揮した。

攻撃を命じる信長

信長は3000丁もの大量の鉄砲で武田騎馬隊を攻撃し、勝利した。

武田軍の騎馬隊を率いる信綱と昌輝は、馬防柵を突破する活躍を見せたが、武田軍は織田・徳川軍の鉄砲隊による激しい攻撃を受けて総崩れとなり、信綱と昌輝はふたりとも戦死した。このため真田家は昌幸が継ぐことになった。

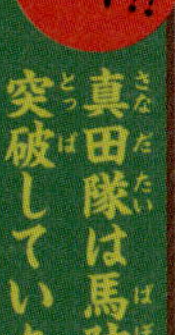

真田隊は馬防柵を突破していた!?

長篠の戦いで、真田隊は、激しい攻撃によって、織田・徳川軍の馬防柵を突破し、敵兵を大混乱させたという。しかし、後に続く味方の部隊がいなかったため、真田隊は敵に包囲され、多くの兵が戦死したそうだ。

1580年
14歳
昌幸が沼田城をうばう
昌幸は戦うことなく沼田城を手に入れる
関連地図
沼田城
群馬県

周辺の城を攻略して沼田城を孤立させる

武田勝頼は、真田家を継いだ昌幸に、関東の北条家が支配する沼田城（群馬県）を攻め取るように命令した。沼田城は、1578年に北条家が越後（現在の新潟県）の上杉家から攻め取った城で、昌幸の本拠地である岩櫃城（➡P38）の近くにあった。

沼田城は防御力が高く、武力では簡単に落とせないと判断した昌幸は、おじの矢沢頼綱に、沼田城周辺の小川城や猿ケ京城、名胡桃城などを攻略するように命じた。頼綱は交渉によって味方に引き入れたり、武力を使ったりして、これらの城を攻略し、沼田城を完全に孤立させた。

頼綱から「沼田城を孤立させた」という報告を受けた昌幸は甲府から名胡桃城に入り、沼田城の城代

(城主の代理)・用土新左衛門に裏切りをすすめる手紙を送った。新左衛門が北条家を裏切ることを約束すると、昌幸は軍勢を率いて沼田城に向かった。新左衛門は約束どおり城を開け渡し、昌幸は戦うことなく沼田城を手に入れた。

沼田城跡

昌幸が手に入れた後、真田家が沼田(群馬県)を支配する拠点となった。

沼田城に入る昌幸

昌幸は、沼田城を守る用土新左衛門に裏切りを約束させ、戦うことなく沼田城を手に入れた。

矢沢頼綱(1518〜1597)

真田幸隆の弟。矢沢家の養子となり、兄の幸隆とともに武田家に仕え、幸隆の死後は真田家を支え続けた。昌幸から沼田城攻めを任された。その後、沼田城代(城主の代理)をつとめた。

なるほどエピソード

昌幸は沼田城攻略に専念できなかった!?

昌幸は武田勝頼から沼田城の攻略を命じられたが、昌幸は勝頼の側近(主君のそばで仕える人)だったため、たびたび甲府の勝頼のもとに行かなくてはならなかった。このため、沼田城の攻略を、おじの矢沢頼綱に任せたといわれる。

武田家の滅亡後 昌幸は信長に従う

1582年、武田家の家臣で、信濃（現在の長野県）西部の領主だった木曾義昌が裏切り、織田信長の味方についた。これをきっかけに、信長は家康と協力して、武田領に攻めこんできた。追いつめられた勝頼は、本拠地の新府城（山梨県）で作戦会議を開いた。このとき昌幸は、自分の城である岩櫃城（⬇P38）へにげるように提案したが、勝頼は家臣の小山田信茂がすすめる岩殿城へにげることを決めた。このとき勝頼は、裏切りを防ぐ目的で新府城下に住まわせていた家臣の＊人質を解放した。弁丸や信幸たちは、険しい山道を進んで、岩櫃城へ帰り着いた。

一方の勝頼は、信茂に裏切られ、岩殿城へ入ることができず、にげているところを織田軍に追い

＊戦国大名は、家臣となった武将の家族を人質として差し出させることが一般的だった。

つかれて自害した。こうして武田家は滅亡し、武田家の領地は信長の支配下に置かれた。信長の配下になった昌幸は、上田(長野県)を領地として認められたが、上野(現在の群馬県)の沼田城や岩櫃城の一帯は取り上げられた。

岩櫃城へ向かう弁丸たち

新府城を脱出した弁丸や信幸は、母親の山手殿たちを守りながら岩櫃城へ向かい、無事にたどり着いた。

勝頼を説得する昌幸

織田軍が新府城に迫る中、昌幸は勝頼に、岩櫃城へにげるように説得したが、断られた。

織田軍に追いつめられる勝頼

新府城からにげた勝頼は、家臣の裏切りによって孤立し、天目山(山梨県)を目指してにげたが、織田軍に追いつかれ、自害した。

なるほどエピソード

昌幸は信長に会えなかった!?

武田家滅亡後、昌幸は信長の配下になることを決意した。昌幸は高遠(長野県)を訪れ、織田信忠(信長の長男)に会い、盃を贈られたという。このとき信長は別の場所にいたため、昌幸は信長と会えなかったといわれる。

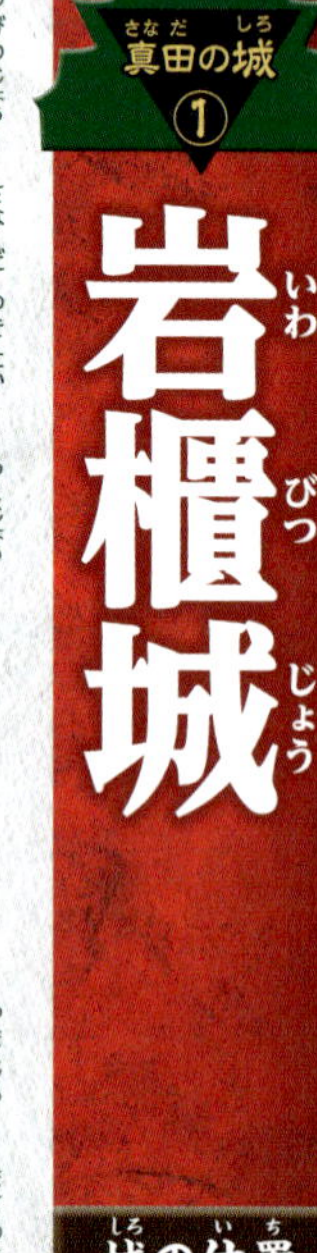

真田の城 ①

岩櫃城

岩櫃城は真田幸隆が落城させて手に入れた山城。昌幸はこの城に勝頼を迎え入れようとしたが、実現できなかった。

城の位置

幸隆が敵と秘密の交渉をして落城させる

岩櫃城がいつ築城されたのかは不明だが、戦国時代には斎藤憲広が城主となり、越後(現在の新潟県)の上杉謙信の配下となり、吾妻地方(群馬県北西部)に勢力を広げた。真田幸隆は、武田信玄から岩櫃城の攻略を命じられたが、岩櫃城は急な斜面に築かれた山城で防御力が高く、武力では攻め落とせなかった。このため幸隆は、憲広の一族や家臣とひそかに交渉して味方に引き入れ、1563年、ついに岩櫃城を落城させた。

信玄は幸隆を岩櫃城の城主にし、吾妻地方の支配を任せた。

ウソ!ホント!?

勝頼は浅間山の噴火を見て岩櫃城へ行くのをやめた!?

織田軍が新府城に迫ったとき、昌幸は勝頼に岩櫃城へにげるように提案し、勝頼もこの案を受けいれた。しかしこのとき、岩櫃城近くの浅間山が噴火した。当時、火山の噴火は縁起が悪いと信じられていたため、勝頼は岩櫃城へ行くことをやめたという。

岩櫃山
本丸
二の丸
岩櫃城本丸址
岩櫃城本丸跡
建物の土台跡が残っている。
中城
敵の攻撃を食い止めるための曲輪(堀や石垣などで仕切った区画)。
竪堀
斜面の上下方向に築かれた堀で、敵が横に移動するのを防いだ。
岩櫃城の想像図
岩櫃城は、標高802mの岩櫃山の東側斜面に築かれた山城で、頂上より約200m下がった場所に、本丸や二の丸、中城などが築かれ、大規模な竪堀が設けられていた。
潜龍院跡
昌幸が勝頼を迎えるため、岩櫃城のふもとに築いた館の跡。

超ビジュアル！真田新聞

第1号

発行所：真田ウィークリー

真田家とはどんな一族なの？

真田家は、どうやって信濃（現在の長野県）東部に勢力を広げたのだろう？

現在の真田郷（長野県上田市）。

初代・幸隆は信玄のもとで大活躍!?

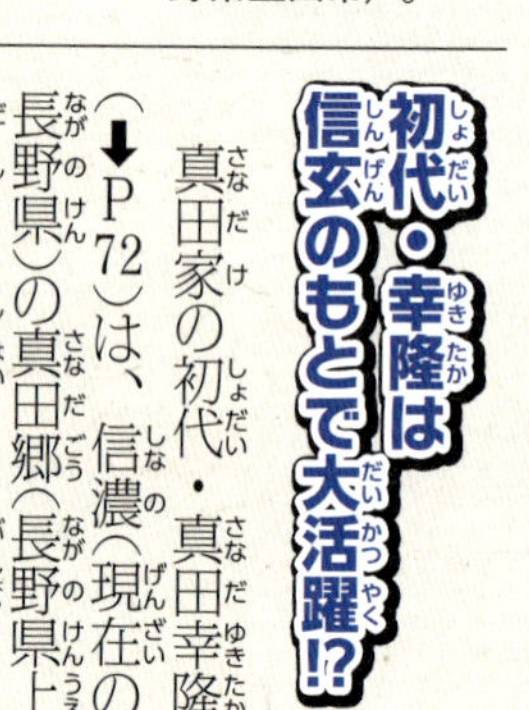

真田家の初代・真田幸隆（⬇P72）は、信濃（現在の長野県）の真田郷（長野県上田市）を支配した武将で、信濃の有力一族・海野氏に仕えていた。

1541年、海野氏が甲斐（現在の山梨県）の戦国大名・武田信虎に敗れると、幸隆は真田郷から上野（現在の群馬県）にのがれたが、その後、武田信玄（信虎の子）に仕えた。

幸隆は、調略（敵と交渉して味方に引き入れること）によって信濃の岩櫃城や戸石城などを次つぎと攻略し、信玄から才能を認められた。

真田幸隆（1513～1574）

真田郷を取りもどして真田本城を築く!!

信玄のもとで活躍を続けた幸隆は、本拠地だった真田郷を与えられた。幸隆はこの地に「真田本城（松尾新城）」という山城を築いた。これは越後（現在の新潟県）の上杉謙信からの攻撃に備えるためだったと考えられている。

真田本城跡。崖に囲まれた山城だった（長野県上田市）。

昌幸の才能は信玄が伸ばした!?

幸隆の三男・昌幸は、7歳のとき、人質として信玄に差し出された。しかし信玄は昌幸の才能を見抜き、側近（主君の側に仕える人）として取り立てた。やがて昌幸は、信玄と一緒に合戦に参加するようになり、信玄から作戦の立て方や戦い方などを学んだ。

信綱・昌輝は武田最強部隊だった!?

幸隆は長男・信綱や次男・昌輝らと一緒に武田軍として数多くの合戦に参加した。信綱は真田家を継いだ後、弟の昌輝と合わせて250騎の騎馬隊を指揮した。ふたりの戦力は、武田家の家臣の中で最強といわれたが、長篠の戦いで、ふたりとも戦死した。

必死に生き残る!!

真田幸隆は信濃（現在の長野県）真田郷の領主だった。

「真田は私の土地だ！」

1541年、武田家が信濃に攻めてきた。

わーーっ!!

「くっ！　真田の地をうばわれた!!」

幸隆は箕輪城（群馬県）城主・長野業正を頼った。

「ともに戦おう！」

「はっ！」

しかしその後、幸隆は武田家の家臣・山本勘助に誘われた。

「信玄様に仕えぬか？」

「…わかった！」

山本勘助

勝頼は昌幸に真田家を継がせた!!

信綱の死後、武田勝頼は信綱の子ではなく、昌幸に真田家を継ぐように命じた。勝頼は、有能な昌幸に、武田家を支えてもらいたかったようだ。

信綱の墓（長野県上田市）。

1582年
16歳

天正壬午の乱が起こる

弁丸は混乱の中で人質にされる！

信長の死後に昌幸は沼田城を占領する

武田家が滅亡して約3か月後、家臣の裏切りにより、織田信長が自害した（本能寺の変）。織田領だった信濃（現在の長野県）や甲斐（現在の山梨県）一帯は、大混乱におちいった。関東の北条氏直や、越後（現在の新潟県）の上杉景勝、東海の徳川家康らは、信濃・甲斐をめぐり争いはじめた（天正壬午の乱）。

信長から上野（現在の群馬県）の支配を任されていた滝川一益は、本拠地の伊勢（現在の三重県）にもどろうとし、昌幸に沼田城（群馬県）を返したが、北条軍が関東北部に攻めてきた。一益は神流川（埼玉県）で迎えうったが大敗。撤退後、伊勢に向けて出発した。一益は、無事に信濃を通り抜けるため、信濃の領主たちから人質を集めた。このとき昌幸は、弁丸を人

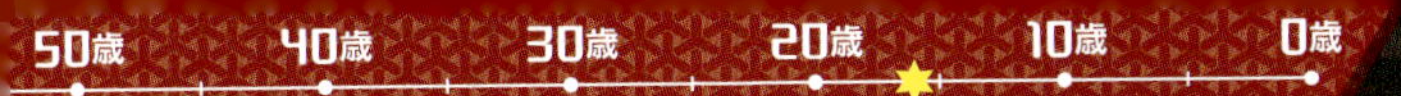

質として一益に差し出した。一益は人質たちと一緒に信濃を通り抜けると、信濃西部を支配する木曾義昌に人質を引き渡し、伊勢へ帰った。その後、義昌は人質を解放したため、弁丸は無事に上田（長野県）へ帰った。

沼田城を占領する昌幸

一益から沼田城を返してもらった昌幸は、すぐさま沼田城を占領し、矢沢頼綱に守らせた。

滝川一益の人質になる弁丸

本能寺の変後、昌幸は滝川一益が無事に信濃（現在の長野県）を脱出できるように協力し、人質として弁丸を一益にあずけた。

なるほどエピソード 弁丸は故郷からの手紙に大喜びした!?

一益は信濃を脱出するとき、信濃西部を支配する木曾義昌に人質をあずけた。このとき故郷（おそらく母親）から弁丸に手紙が届いた。弁丸は、「お手紙とてもうれしいです。私もまもなく帰国できそうです」と返事を送っている。

1583年 17歳 昌幸が上田城を築く

昌幸は沼田城を渡さず上田城を受け取る

天正壬午の乱による混乱が続く中、昌幸は上杉景勝の配下になった後、北条家の配下になり、さらに家康の配下になった。北条家と争っていた家康は、昌幸の服従を喜び、上田(長野県)や沼田(群馬県)を昌幸の領地として認めた。昌幸の協力を得た家康は、北条軍を撃破し、北条家は家康と和解することに決めた。このとき和解の条件として、沼田を北条家に渡すということが決められた。

翌年、家康は景勝からの攻撃に備えるため、上田に城を築くよう、昌幸に命じた。この上田城(➡P46)が完成すると、家康は昌幸を城主に任命する代わりに、沼田城を北条家に渡すように求めたが、昌幸は拒否し、沼田城を渡さなかった。その翌年、家康は小牧・長久

昌幸は家康の力を借りて上田城を築城する！

ビジュアル資料 **上田城の古地図**

昌幸が築いた上田城をえがいた唯一の絵。城が千曲川や堀に囲まれているのがわかる。

沼田城の明け渡しを求める家康

沼田をゆずるという条件で北条家と和解した家康は、昌幸に沼田城を明け渡すように求めたが、昌幸は断り続けた。

上田城を完成させた昌幸

徳川家康の命令により、昌幸は上田城を完成させた。上田城は周囲を千曲川や堀、断崖などに囲まれた、防御力の高い城だった。

手の戦いで豊臣秀吉と戦い、沼田城どころではなくなったが、戦いが終わると、沼田城を渡すよう、再び昌幸に求めた。昌幸は、「沼田は自分の力で獲得した領地で、家康より与えられた領地ではない」と怒り、家康との関係を絶った。

ウソ！ホント!?

家康は沼田城の代わりに上田城を与えた!?

家康は沼田城を渡す条件で、完成した上田城を昌幸に与えたという。昌幸は上田城を受け取ったが、沼田城は渡さなかった。しかし家康は、昌幸が上杉景勝に味方することを恐れて、昌幸に強い態度を取れなかったそうだ。

真田の城 ②

上田城

上田城は徳川の大軍を2度にわたって撃破した城。昌幸の緻密な設計によって、防御力は最大限に高められていた。

城の位置

上田城の想像図
上田城は、南側を千曲川から分かれて流れる尼ケ淵、北側を蛭沢川が流れており、本丸や二の丸には内堀も築かれていた。敵は大手門のある東側からしか攻めることができなかった。

城の東側だけに敵をおびき寄せる設計だった

上田城は、上杉景勝からの攻撃を抑えるため、昌幸が家康の命令を受けて築いた城である。上田城は、南側を流れる千曲川の分流「尼ケ淵」の崖の上に築かれ、千曲川は天然の水堀の役割を果たしていた。城の北側から西側にかけては蛭沢川が水堀のように取り囲んでいたため、敵は大手門がある東側から攻めるしかなく、昌幸は城の東側だけを守っていれば十分だった。第一次上田合戦（⬇P50）や第二次上田合戦（⬇P100）でも、主戦場は城の東側だった。

1590年、天下を統一した秀吉は、自分の配下の大名たちに、城に金箔瓦をのせることを許した。昌幸も金箔瓦を許された大名のひとりで、上田城からは金箔瓦が発掘されている。

現在の上田城の城門

現在の上田城は、江戸時代の初期に仙石氏が築いたもので、昌幸の時代とは大きく違っている。

金箔瓦

上田城で発掘された金箔瓦。金箔瓦は、豊臣秀吉と関係が深い大名が使用を許されたことから、昌幸の時代のものと考えられている。

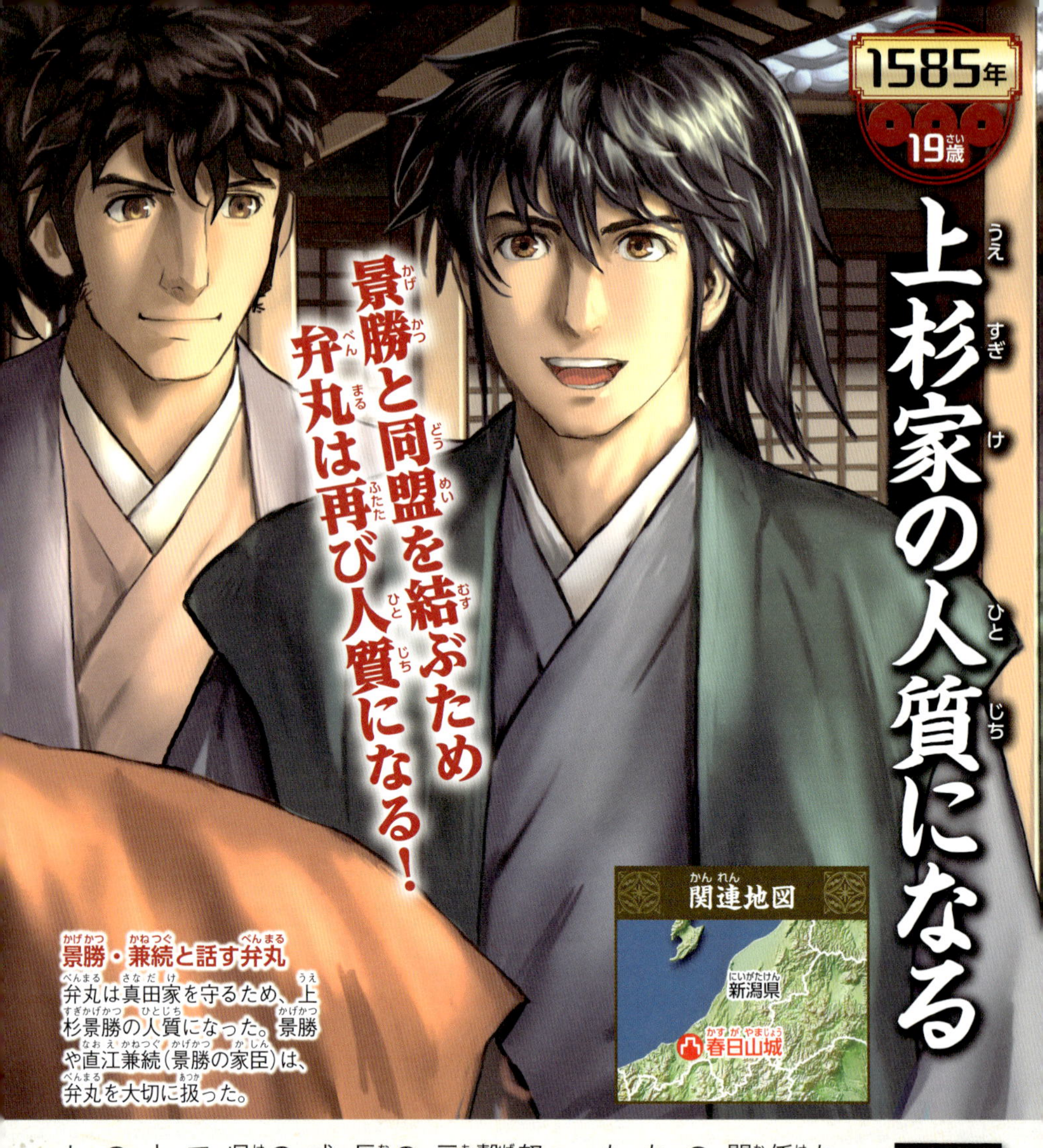

1585年
19歳
上杉家の人質になる
景勝と同盟を結ぶため弁丸は再び人質になる！
関連地図
新潟県
春日山城

景勝・兼続と話す弁丸
弁丸は真田家を守るため、上杉景勝の人質になった。景勝や直江兼続（景勝の家臣）は、弁丸を大切に扱った。

家康との決戦の前に景勝と同盟を結ぶ

「沼田城を北条に渡せ」という家康からの命令を無視し、家康との関係を絶った昌幸は、それまで敵対関係にあった越後（現在の新潟県）の上杉景勝と同盟を結び、配下になった。景勝は「徳川が攻めてきたら、援軍を送る」と約束した。

　昌幸の裏切りを知った家康は激怒し、昌幸の上田城（長野県）を攻撃する準備をはじめ、家臣の鳥居元忠らに出撃を命じた。しかしこのとき家康は前年に起きた小牧・長久手の戦いで対立した秀吉と正式に仲直りできていなかった。このため家康は本拠地の浜松（静岡県）から離れられず、上田へ出陣できなかった。徳川軍約7000人が上田に迫る中、昌幸は景勝への忠誠を示すため、弁丸を人質として差し出した。景勝は約束どお

昌幸の反逆に怒る家康

家康は、「沼田を北条に渡せ」という命令に従わない昌幸と対立し、攻撃を決意した。

上杉景勝
(1555〜1623)

越後(現在の新潟県)の大名・上杉謙信の養子。謙信の死後、後継者争いに勝利し、上杉家を継いだ。政治は家臣の直江兼続に任せた。

(➡P74)

り援軍を送ったが、台風などの影響で進軍が遅れ、ほとんどが第一次上田合戦(⬇P50)に間に合わなかったという。

第一次上田合戦の後、弁丸は景勝の本拠地である春日山城(新潟県)の城下に住み、景勝に仕えた。

ウソ!ホント!?

弁丸は景勝から領地を与えられた!?

弁丸は上杉家に人質として送られた後、景勝の配下に領地を認める書類を記している。この領地は、弁丸が景勝の家臣になったときに与えられたものと考えられる。弁丸は春日山城下に住み、景勝の近くに仕えていたそうだ。

1585年 19歳

第一次上田合戦

真田軍による城壁からの攻撃

真田軍のおとり部隊を撃破した徳川軍は、上田城の二の丸の門前まで攻めこんだが、待ち構えていた真田軍から丸太や巨石を落とされ、大混乱におちいった。

上田城内に突入した徳川兵が反撃される

家康は、上田城（長野県）を攻撃するため、家臣の鳥居元忠らを指揮官にして、約7000人の徳川軍を出撃させた。これに対し、昌幸の率いる真田軍は2000人程度だったといわれる。昌幸は上田城で待ち構え、長男の信幸には別働隊を与え、上田城近くの戸石城に配備した。さらに城内に千鳥掛けの柵（交差するように設置した柵）を配置した。

徳川軍が神川を渡って攻めてくると、真田軍のおとり部隊は出撃し、わざと負けて上田城に向けて

上田城に攻めこんだ徳川軍が撃退される！

千鳥掛けの柵
敵を進みにくくさせるため、交差するように設置した柵。

徳川軍

退却をはじめた。これは徳川軍を上田城に引き寄せる作戦だった。昌幸の作戦にはまった徳川軍は、おとり部隊を追撃し、上田城内に突入すると、二の丸まで進撃したが、そこで待ち構えていた真田軍に反撃され、大混乱におちいった。

ビジュアル資料 **「信州上田合戦図」**
第一次上田合戦における両軍の配置や、おもな城や道路などが記されている。

発見！ **戸石城跡**
第一次上田合戦で、昌幸は信幸の別働隊を、戸石城に配備した。

出撃する昌幸
昌幸はおとり部隊を率いて徳川軍を迎えうち、わざと敗れて上田城に引き寄せたという。

上田城からにげる徳川軍を信幸の別働隊が撃破する！

戸石城から出撃する信幸
別働隊を率いる信幸は、上田城からにげる徳川軍を追撃し、神川まで追いつめた。

徳川軍は昌幸の罠にはまって敗北する

上田城内で反撃を受けた徳川兵は、上田城からあわててにげ出そうとしたが、千鳥掛けの柵にじゃまをされ、思うように進むことができないところを真田軍に攻撃された。多くの戦死者を出した徳川軍は、命からがら城外へ脱出したが、戸石城から出撃して待ち構えていた信幸の別働隊に側面攻撃を受けた。徳川軍は反撃することができず、総崩れとなり、神川へ向けてにげ出した。

神川の上流では、昌幸があらかじめ堤防を築いて、水をせき止めていた。徳川軍が神川を渡ろうとしたとき、昌幸は堤防を破壊させた。これにより神川は一気に増水し、多くの徳川兵がおぼれ死んだ。昌幸は上田城から出撃して神川まで徳川兵を追撃し、追いうち

第一次上田合戦関連地図
❷上田城攻防戦
上田城内に攻めこんだ徳川軍は、昌幸の仕掛けによって大混乱におちいり、敗走する。
❸追撃の開始
戸石城から出撃した信幸の部隊が、退却する徳川軍を追撃。
戸石城
信幸の別働隊
❹神川の堤防を決壊
神川をせき止めていた昌幸は徳川軍が川を渡っているときに堤防を決壊させる。
上田城
真田昌幸
神川
神川渡河点
❶上田城へ進軍
徳川軍は真田軍のおとり部隊を撃破し、上田城へ敗走するおとり部隊を追撃。
徳川軍
千曲川
鳥居元忠

をかけた。こうして真田軍は大勝利し、徳川軍は1300人以上が戦死した。真田軍の戦死者は40人程度だったといわれる。

その後も数日間、両軍は小規模な戦闘を続けたが、上杉の援軍が到着すると、徳川軍は撤退した。

ウソ!ホント!?

第一次上田合戦に弁丸も参加した!?

第一次上田合戦のとき、弁丸の母・山手殿が人質として景勝のもとに送られた。これは弁丸が合戦に参加するため、人質を山手殿と交換したとも考えられる。このことから、弁丸は上杉兵を率いて徳川軍と戦ったという説がある。

1587年 21歳

秀吉の人質になる

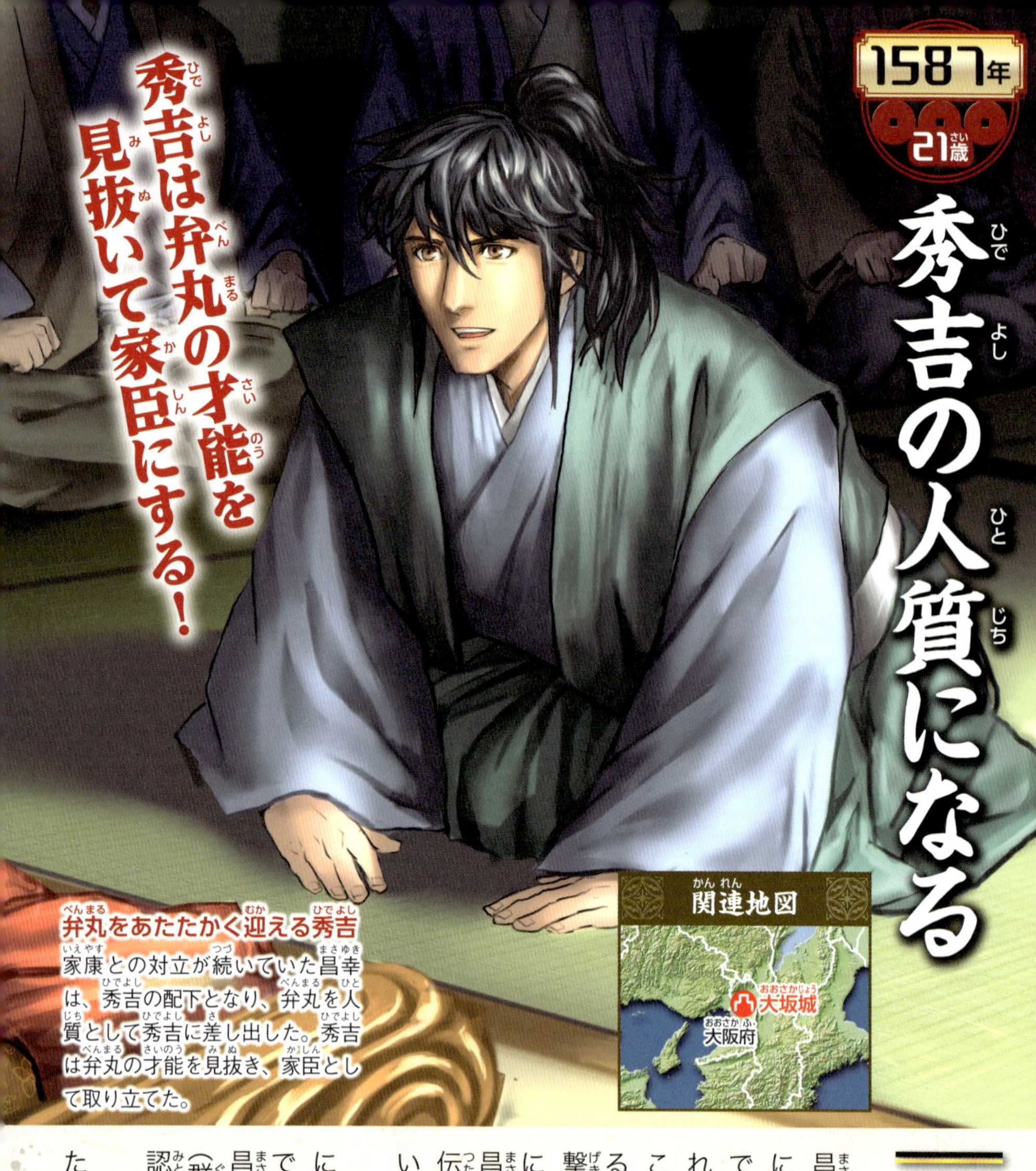
秀吉は弁丸の才能を見抜いて家臣にする！
関連地図
大坂城
大阪府

弁丸をあたたかく迎える秀吉
家康との対立が続いていた昌幸は、秀吉の配下となり、弁丸を人質として秀吉に差し出した。秀吉は弁丸の才能を見抜き、家臣として取り立てた。

秀吉を怒らせた昌幸があわてて配下になる

第一次上田合戦の翌年、秀吉は昌幸に大坂城（大阪府）に来るように求めたが、信濃（現在の長野県）で勢力の拡大をねらう昌幸は、これを断った。怒った秀吉は昌幸のことを「表裏比興之者（表と裏のある卑怯な者）」と呼び、昌幸への反撃の機会をうかがっていた家康に、真田攻めを認めた。あわてた昌幸は、秀吉の臣下になることを伝え、1587年、大坂城に出向いて、秀吉にあいさつをした。

家康は前年の10月に秀吉の配下になっており、昌幸は秀吉の命令で家康の配下になった。このとき昌幸は上田のほかに、沼田・吾妻（群馬県北西部）などを領地として認められ、大名となった。

弁丸は、景勝が秀吉の配下になった後に上田（長野県）にもどり、昌

秀吉の配下になる昌幸

1587年、昌幸は大坂城に行き、秀吉の配下になった。秀吉は上田と沼田を昌幸の領地として認めた。

ビジュアル資料 **聚楽第**

秀吉が京都に築いた巨大な城で、弁丸は聚楽第の近くの屋敷で暮らしはじめた。

幸と一緒に大坂城へ向かったといわれる。このとき、昌幸は忠誠を示すため、弁丸を人質として秀吉に差し出した。秀吉は早くから弁丸の才能を評価し、人質としてではなく、家臣として取り立て、自分の側に仕えさせたという。

なるほどエピソード

信玄の弟にあやかり名づけられた!?

弁丸は、秀吉の家臣になった頃に、元服(男子が大人になる儀式)をしたと考えられている。このとき、名前を「信繁」にした。これは、昌幸が尊敬していた武田信繁(信玄の弟)にあやかって名づけられたといわれる。

名胡桃城事件が起こる

1589年
23歳

名胡桃城を攻撃する北条軍
1589年11月、北条家の重臣で、沼田城の城代(城主の代理)だった猪俣邦憲は、突然、真田方の名胡桃城に攻撃をしかけて占領した。この事件を知った秀吉は激怒し、北条家を倒すことを決意した。

北条は秀吉を無視して名胡桃城を攻め落とす

家康や昌幸を従えた秀吉は、九州の島津氏を降伏させた。秀吉に抵抗する勢力は、関東の北条家や、奥羽(現在の東北地方)の伊達政宗など、残りわずかになっていた。

1587年、秀吉は関東と奥羽に惣無事令(合戦の停止命令)を出し、大名どうしの合戦を禁止した。そして北条氏政・氏直に対し、大坂城へ来るように命じた。氏政らが、これを断ったので、秀吉は昌幸の領地であった沼田・吾妻(群馬県北西部)の3分の2を北条家に与え、名胡桃城を含む3分の1を昌幸が支配するという案を氏政らに示し、大坂城へ来ることを約束させた。昌幸には失った領地の代わりに、箕輪(長野県)が与えられた。しかし、氏政らは秀吉の提案に不満をもっていた。

不満を高めた北条家は名胡桃城を占領する！

名胡桃城跡

名胡桃城は川や堀、土塁などで囲まれ、防御力が高かった（群馬県）。

ビジュアル資料

真田宝物館所蔵

昌幸に宛てた秀吉の手紙

名胡桃城への攻撃を知った秀吉は、昌幸に手紙を送り、「北条家をほろぼす」と伝えた。

本丸

二の丸

外郭

城の周辺部には家臣の屋敷が建っていた。

1589年11月、沼田城の城代（城主の代理）だった猪俣邦憲が名胡桃城に攻撃をしかけて占領した。この事件を京都で知った昌幸は、すぐに秀吉に訴えた。秀吉は激怒し、北条家を打倒する決意を固め、諸大名に出兵を命じた。

なるほどエピソード

真田の領地は信幸が管理していた!?

名胡桃城事件が起きた時期、昌幸と信繁は京都にいたため、真田家の領地はすべて信幸が管理していた。沼田が北条家の領地になると、信幸は領地を失った家臣たちに別の領地を与えるなど、対応に追われていたようだ。

はじめて合戦で戦う

信繁は碓氷峠の戦いで兄・信幸の危機を救う

名胡桃城事件を知った秀吉は、北条家は惣無事令に違反したとして、諸大名に出兵を命じた。豊臣軍の兵力は総勢約20万人といわれ、昌幸と信繁は、上杉景勝や前田利家らが指揮する北陸方面軍（約3万5000人）に加わることになった。

1590年3月、昌幸らは上田城から出発し、碓氷峠（群馬県と長野県の県境）で、先に出発していた信幸の軍勢と合流した。真田軍の兵力は、約3000人だったといわれる。

このとき昌幸は、信幸に北条方の大道寺政繁が守る松井田城（群馬県）を偵察するように命じた。信幸はわずかな家臣を連れて碓氷峠を下りたが、そこに大道寺軍が待ち構えていたため、激しい戦闘

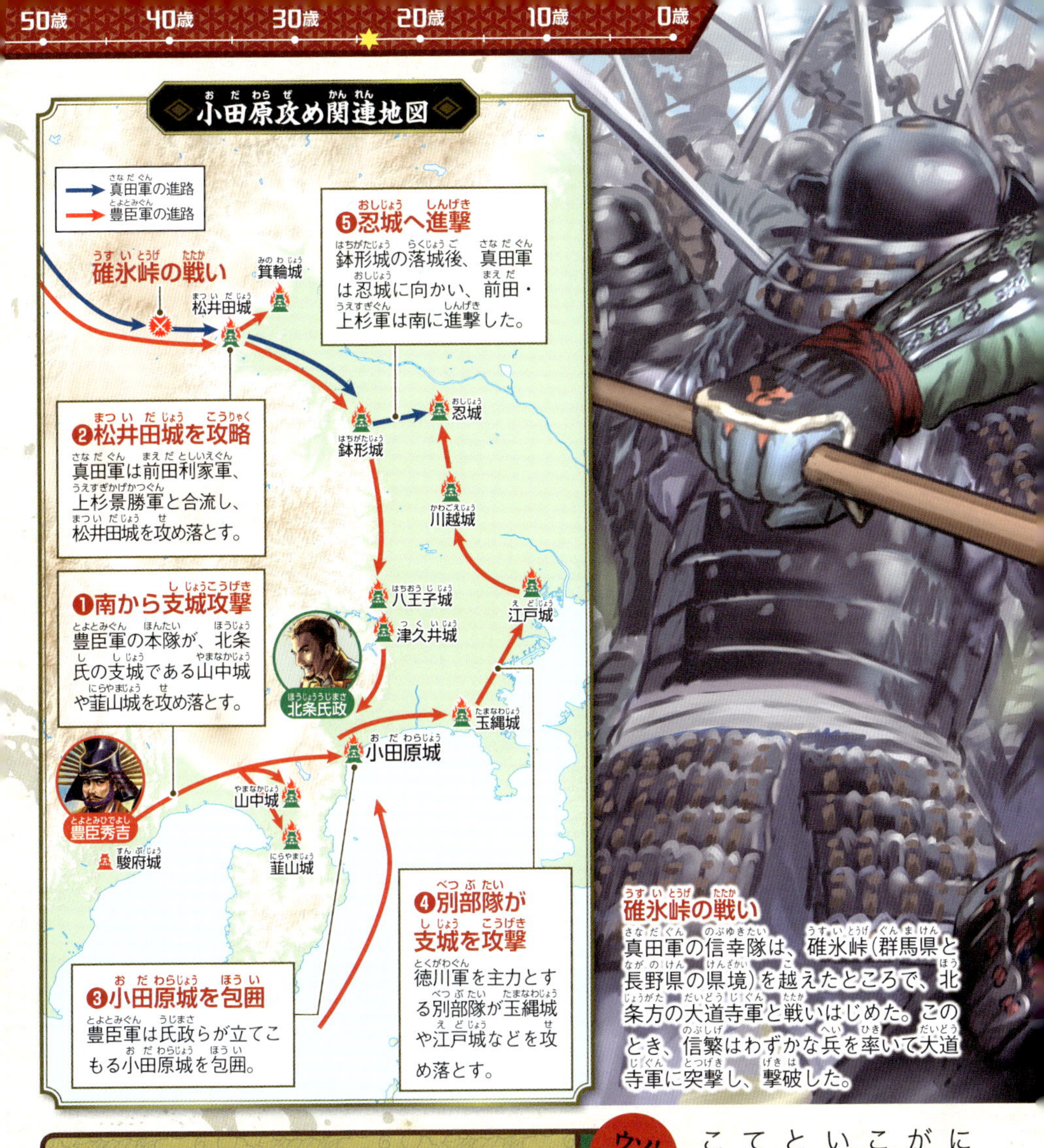

50歳
40歳
30歳
20歳
10歳
0歳
小田原攻め関連地図
真田軍の進路
豊臣軍の進路
碓氷峠の戦い
箕輪城
松井田城
⑤忍城へ進撃
鉢形城の落城後、真田軍は忍城に向かい、前田・上杉軍は南に進撃した。
忍城
鉢形城
②松井田城を攻略
真田軍は前田利家軍、上杉景勝軍と合流し、松井田城を攻め落とす。
川越城
①南から支城攻撃
豊臣軍の本隊が、北条氏の支城である山中城や韮山城を攻め落とす。
八王子城
津久井城
江戸城
北条氏政
玉縄城
小田原城
豊臣秀吉
山中城
韮山城
駿府城
④別部隊が支城を攻撃
徳川軍を主力とする別部隊が玉縄城や江戸城などを攻め落とす。
③小田原城を包囲
豊臣軍は氏政らが立てこもる小田原城を包囲。
碓氷峠の戦い
真田軍の信幸隊は、碓氷峠（群馬県と長野県の県境）を越えたところで、北条方の大道寺軍と戦いはじめた。このとき、信繁はわずかな兵を率いて大道寺軍に突撃し、撃破した。

になった。信幸はこれを撃退したが、再び大道寺軍が攻めてきた。このとき、信繁がわずかな兵を率いて大道寺軍に突撃し、撃破したという。この戦いは、信繁にとって初陣（はじめて戦いに参加すること）だった。

ウソ!ホント!?

昌幸は敵の孫をわざと見のがした!?

碓氷峠で敗れた大道寺政繁は、松井田城に立てこもったが、圧倒的な大軍の豊臣軍に攻撃され、落城寸前に追いこまれた。政繁は戦死を覚悟し、孫を城から脱出させたが昌幸に見つかった。しかし昌幸は、わざと見のがしたそうだ。

小田原城の戦い

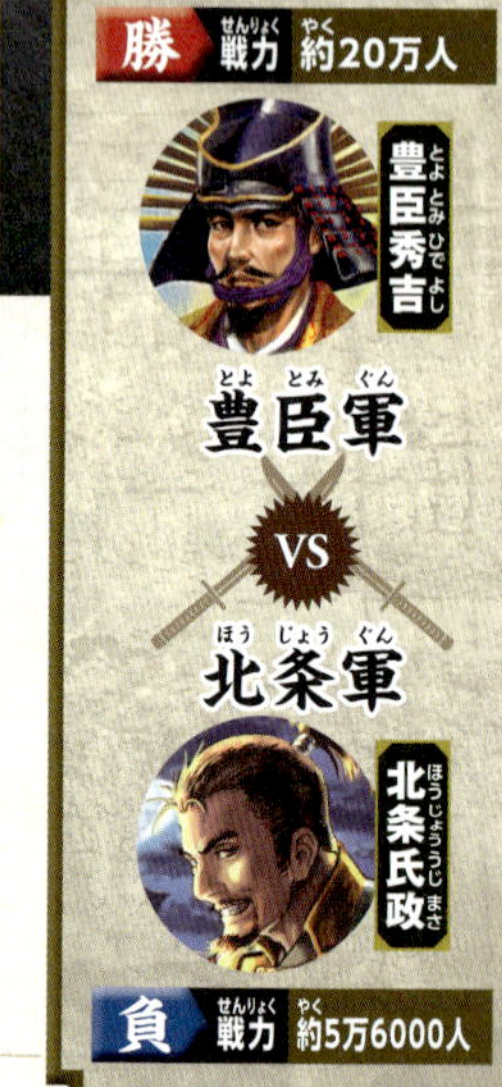

「石垣山一夜城」で北条軍は戦意を失う

諸大名に北条家打倒を命じた秀吉は、大軍を率いて東海道から進撃し、北条家の本拠地・小田原城（神奈川県）を目指した。北条氏政らは、小田原城に十分な食料や武器などを貯めこみ、籠城戦の構えを取った。秀吉は駿府城（静岡県）で家康と合流すると、山中城（静岡県）などの北条方の城を次つぎと落とし、小田原城を完全に包囲した。海上からも九鬼嘉隆らの水軍が取り囲んだ。

秀吉は、小田原城の包囲を開始したときから、小田原城を見下ろ

秀吉は圧倒的な大軍で小田原城を完全に包囲する！

石垣山城

家康に領地替えを命じる秀吉

小田原城を包囲中、秀吉は家康を呼んで、「小田原城が落ちたら、関東を徳川殿に与えよう」と話し、家康の領地を東海地方から関東に移した。

そのとき信繁は

父・昌幸や兄・信幸とともに、忍城の包囲軍に加わっていた。

24歳

せる石垣山に城を築きはじめていた。約80日後、城の完成と同時に周囲の木を切り倒したため、小田原城からは一夜にして城が出現したように見えた。この「石垣山一夜城」によって北条軍は戦意を失い、氏政らは降伏した。

なるほどエピソード

家康を抑えるために上田に残された!?

秀吉は家康を関東に移したとき、信濃(現在の長野県)の大名たちも一緒に関東に移した。しかし昌幸だけは移されず、上田に残された。これは、家康が反乱を起こしたとき、抑える役目を与えられていたためといわれる。

1590年 24歳

忍城の戦いに参加する

忍城
城は完全には沈まず、湖に浮いているように見えた。
堤防
全長約28kmにも及んだ。
石田三成
忍城の戦い
小田原城の戦いの最中、石田三成を大将とする豊臣軍は、小田原城の支城だった忍城の周囲に堤防を築き、川の水を流しこんで水攻めにした。
合戦場所
忍城
埼玉県
小田原城

昌幸や信繁らは秀吉の天下統一に協力する

秀吉が小田原城(神奈川県)を包囲しているとき、昌幸や信繁らが参加する北陸方面軍は、上野(現在の群馬県)を制圧した後、鉢形城(埼玉県)を攻め落とした。その後、昌幸らは北陸方面軍と別れて忍城(埼玉県)へ向かった。

忍城は小田原城の支城(拠点の城を守る城)で、成田長親が城を守っていた。豊臣軍の大将は、秀吉の側近・石田三成だった。三成は、忍城の周囲に堤防を築き、利根川や荒川の水を流しこんで水攻めにしたが、城は完全には沈まなかった。豊臣軍に合流した昌幸や信繁、信幸らは、成田軍との戦闘に加わったといわれるが、成田軍は抵抗を続けたため、豊臣軍は苦戦し、落城させられなかった。小田原城が落城すると、長親は城を

昌幸や信繁らは忍城の水攻めに参加する!

忍城を包囲する昌幸たち

昌幸、信幸、信繁らは忍城が明け渡されるまで、豊臣軍に加わった。包囲中、信幸は忍城の出城（本拠地の城を守る小さな城）を攻め取ったという。

忍城の戦い関連地図

❶堤防の建設
水攻め作戦を決定した三成は、忍城の周囲に堤防を築いた。

❷水攻め開始
三成は堤防内に利根川や荒川の水を引き入れた。

❸沈まない忍城
堤防内にはあまり水がたまらず、忍城の本丸は水に浮かんでいるように見えた。

❹堤防の決壊
長親の作戦で堤防が壊され、豊臣軍の兵約270人がおぼれ死ぬ。

忍城
成田長親
石田三成
決壊

明け渡し、戦いは終わった。

小田原城を落とした秀吉は、宇都宮城（栃木県）に入り、その後、昌幸らとともに会津（福島県）に入って奥羽（東北地方）の大名たちを服従させた。これにより、秀吉は天下統一を実現した。

ウソ！ホント!?

信繁は甲斐姫と激しく戦った!?

忍城の城主の娘だった甲斐姫は、武芸が得意で、忍城の戦いにも参加した。昌幸や信繁が加わった豊臣軍が忍城の西側から攻めたとき、甲斐姫の率いる成田軍が援軍として現れ、豊臣軍の武将を弓でうち取ったという。

知っておどろき！信繁！

真田家は3つの家紋を使っていた!?

武具に六連銭をえがき決死の覚悟を示す

真田家の家紋として有名な六連銭（六文銭）は、真田家の開祖・真田幸隆（➡P72）が使いはじめたとされる。「決死の覚悟」を示す家紋といわれ、軍旗や甲冑、軍配など、真田家の武将がもつ武具などにデザインされている。

また、渡り鳥のガンをデザインした「結び雁金」や、河口にできる洲をデザインした「洲浜」なども、真田家の家紋として使われてきた。真田家の家紋はすべて、真田家の祖である海野家から伝わったものといわれる。

六連銭（六文銭）

人が死後に渡るとされる「三途の川」の渡し賃が六文であることから、決死の覚悟を示すという。

鹿角

鹿角の勇ましい形は武将から好まれ、信繁は鹿角をつけた兜を使っていたといわれる。

上田市立博物館所蔵

真田家伝来の軍旗

鹿の角の形をデザインした「鹿角」と「六連銭」が交互にえがかれた軍旗。

真田宝物館所蔵

真田幸隆の軍旗

真田家が六連銭を家紋にしたのは幸隆からとされる。

上田市立博物館所蔵

真田宝物館所蔵

真田信幸の鞍

信幸が使っていた鞍（馬の背につける道具）で、六連銭がデザインされている。

真田信幸の軍配

軍を指揮するときに使う軍配（軍配団扇）に、六連銭がえがかれている。

真田宝物館所蔵

真田昌幸の甲冑

兜の吹き返しや胸板には洲浜がえがかれ、喉輪や佩楯には六連銭がえがかれている。

信繁をえがいた錦絵

江戸時代の真田信繁の錦絵には、軍旗に六連銭が、陣羽織に雁金がえがかれている。

洲浜

洲浜とは河口にできる洲のことで、縁起のよい形とされてきた。

結び雁金

雁金とは、渡り鳥のガンのことで、幸せを運ぶ鳥と考えられていた。

真田家を支えた忍者軍団がいた!?

超ビジュアル!
真田新聞
第2号
発行所：
忍法新報社

真田家が勢力を広げた影には忍者たちの活躍があったという。

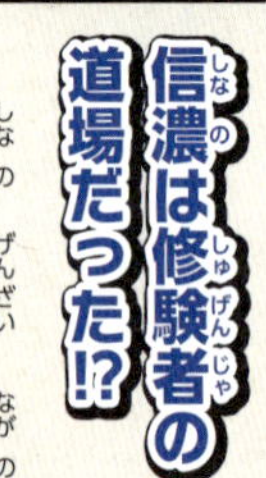

信濃(現在の長野県)一帯は、山を信仰する山岳信仰に仏教が結びついた「修験道」がさかんで、修験道を修行する修験者(山伏)が多くいた。やがて修験者の中から忍者が生まれた。

修験者の道場だった角間渓谷(長野県上田市)。

幸隆は忍者たちを味方につけた!?

真田幸隆が支配した真田郷の近くには、修験道の道場だった角間渓谷があり、忍者が多くいた。幸隆は真田郷近辺の忍者たちを味方につけ、真田忍者軍団を組織し、忍術に優れた武士・出浦盛清に統率させた。

出浦盛清氏に 独占インタビュー

質問 忍者の能力はどうやって知る?

私は部下の忍者を敵の城に潜入させるとき、自分がその忍者より先に潜入したよ。部下の忍者がもどって報告したとき、その内容で、どの程度の能力をもっているかわかるのさ。うその報告を指摘すると、いつもおどろかれるよ…

忍者の指導者・出浦盛清氏

すごい腕前の忍者がいた!?

忍術に優れた真田忍者のひとりが唐沢玄蕃である。玄蕃はジャンプ力に優れ、2～3歩の助走で3m近い高さを飛び越えたという。火薬術にも優れ、1573年には昌幸の命令により尻高城（群馬県）の柵を飛び越えて侵入し、城の建物を焼きはらった。

昌幸は忍者たちの活躍で生き残った!?

戦国時代の忍者は、情報を集めたり、敵側にうその情報を流して混乱させたりすることがおもな仕事だった。昌幸は天正壬午の乱のとき、何度も主君を変えて生き残ったが、これは忍者たちが正確な情報を昌幸に伝えていたためだと考えられている。

馬鎧に目がくらんだ!?

唐沢玄蕃は昌幸から中山城を放火するように命じられた。

中山城を焼きはらえ！
かしこまりました。

玄蕃は中山城にしのびこみ、放火できる場所を探した。

きょろ
きょろ
どこを燃やそうかな…

すると、ある部屋で黄金の馬鎧を見つけた。

ばばーん
う、美しい…！

玄蕃は放火するのをやめて、馬鎧を持ち帰った。

いいものを手に入れたぞ！

猿飛佐助は架空の人物!?

真田十勇士（➡P160）の忍者として知られる猿飛佐助は、角間渓谷で修行した忍者・戸沢白雲斎の弟子になった後、幸村（信繁）に見出される。佐助は優れた忍者として人気だが、架空の人物とされる。

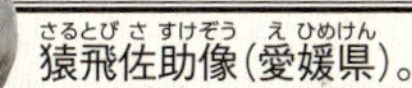

猿飛佐助像（愛媛県）。

徳川軍に2度勝利した信繁の父

真田昌幸

さなだまさゆき

出身地	信濃（現在の長野県）
生年月日	1547年（誕生日は不明）
死亡年月日	1611年6月4日
享年	65歳（病死）

肖像

上田市立博物館所蔵

真田昌幸は、信濃(現在の長野県)真田郷の領主だった真田幸隆(➡P72)の三男として生まれた。父の幸隆が甲斐(現在の山梨県)の武田信玄に仕えたため、7歳頃に人質として信玄に差し出された。信玄はすぐに昌幸の才能を見抜き、側近(主君の側で仕える者)として取り立て、戦略や戦い方を教えこんだ。信玄の期待に応える活躍を見せた昌幸は、「わしの両眼のごとき者」と評価された。

昌幸が信玄に仕えている時期、長男・信幸と次男・信繁が生まれた。信玄の死後、武田家を継いだ勝頼に仕えたが、1575年の長篠の戦いで、真田家の当主だった長兄の信綱と、次兄の昌輝が戦死したため、昌幸は29歳で真田家を引き継いだ。

昌幸は上野(現在の群馬県)の攻略を任され、沼田城(群馬県)などを攻め取ったが、1582年、武田家は織田信長の侵攻を受けた。このとき昌幸は自分の居城・岩櫃城(群馬県)に勝頼を迎え入れようとしたが、勝頼は別の城へ向けてにげた後、家臣に裏切られて

昌幸の軍配

軍配は、軍勢を指揮するときに使う道具。表面には太陽が金箔でデザインされている。

真田宝物館所蔵

自害した。昌幸は信長の臣下となり、上田を領地として認められたが、その3か月後、信長は本能寺の変で自害した。このため、徳川家康や上杉景勝、北条氏直らが武田家の領地だった甲斐や信濃をめぐって争いはじめた。

昌幸は、自分の領地を守るために家康に臣従したが、その後、家康は北条家と和解し、昌幸に沼田城を北条に渡すように命じた。昌幸はこれを拒否したため家康と対立。1585年、家康は昌幸の上田城(長野県)に大軍を送りこんだが、昌幸は見事な作戦で徳川軍を撃破した(第一次上田合戦)。その後、信濃での勢力拡大をねらう昌幸は、秀吉から配下になるように命じられてもすぐには従わなかった。これに怒った秀吉は、家康に昌幸を攻撃させようとしたが、危機を感じた昌幸は、すぐに秀吉の配下となり、大坂城へ出向いた。このとき次男の信繁を人質として差し出し、上田や沼田の支配は長男の信幸に任せた。

秀吉の死後、家康と石田三成が激しく対立し、関ケ原の戦い(⬇P104)が起こった。昌幸は三成の味方になり、徳川軍と戦ったが、三成が関ケ原で敗れたため、昌幸は九度山(和歌山県)に追放された。

真田宝物館所蔵

昌幸の甲冑

黒い大きな前立(兜の前側の飾り)が特徴で、胴には梯子がデザインされている。

真田宝物館所蔵

昌幸の刀

昌幸が朝鮮出兵に出陣したとき、秀吉からほうびとして与えられたものと伝えられる。

真田家を存続させた信繁の兄

真田信幸（信之）

さなだのぶゆき

真田信幸は、真田昌幸の長男として甲斐（現在の山梨県）で生まれ、源三郎と名づけられた。源三郎は、弟の弁丸（信繁）とともに人質として甲斐で過ごし、14歳のとき元服（大人になる儀式）をして信幸と名乗った。第一次上田合戦では、別働隊を率いて徳川軍に突撃し、大打撃を与えた。

昌幸が秀吉の配下になると、昌幸は秀吉の命令で家康の与力（部下）となり、このとき信幸は家康に仕えることになった。家康から能力を認められた信幸は、徳川家の重臣・本多忠勝の娘である小松姫（➡P119）と結婚し、徳川家との結びつきを強めた。

秀吉の死後、家康と石田三成の対立が深くなると、昌幸や信繁と袂を分かち、家康に味方した。関ケ原の戦い（➡P104）に勝利した家康は、昌幸と信繁を処刑しようとしたが、信幸は家康を必死に説得して命を救い、九度山（和歌山県）に追放された昌幸らの生活を仕送りによって支え続けた。

出身地	甲斐（現在の山梨県）
生年月日	1566年（誕生日は不明）
死亡年月日	1658年10月17日
享年	93歳（病死）

肖像

真田宝物館所蔵

信幸の鐙

信幸の鐙（馬具の一種で、鞍から下げて足を乗せる）は銀で飾られている。

真田宝物館所蔵

信幸は上田藩（長野県）の藩主として9万5000石の大名となったが、家康への忠誠を示すため、父から受け継いだ「幸」の字を「之」に変え、「信之」と名乗った。大坂冬の陣のとき、病気のため出陣できなかったため、長男・信吉と次男・信政を出陣させた（⬇P137）。57歳のとき、幕府の命令で、上田から松代（長野県）に移された。真田家が守り続けた土地を取り上げられた信之は、毎日泣き暮らしたというが、耐え抜いた。

戦国時代を生き抜いた信之は、3代将軍・徳川家光から「天下の飾り」と称されるほど尊敬された。幕府からも信頼され、藩主を引退することを許してもらえなかったが、91歳でようやく引退を許され、その2年後に病死した。

真田宝物館所蔵

信幸の甲冑

豪華な甲冑で、兜は中国の冠の形で、吹返しに六連銭がデザインされている。

信幸の鉄扇

骨組みが鉄製の扇で、扇の端には六連銭がデザインされている。

真田宝物館所蔵

真田幸隆

真田家の基礎を築いた信繁の祖父

真田幸隆は、真田郷(長野県)の領主として信濃(現在の長野県)東部を支配する海野氏に仕えていた。1541年、甲斐(現在の山梨県)の武田信虎が信濃東部に侵攻し、海野氏が敗北すると、幸隆は上野(現在の群馬県)にのがれた(海野平の戦い)。

その後、武田信玄(信虎の子)に仕えた幸隆は才能を認められ、調略(敵と交渉して味方に引き入れること)によって次つぎと周辺の武将を攻略した。この手柄により、幸隆は再び真田郷を与えられた。その後も活躍を続け、上田(長野県)も与えられた。

出身地	信濃(現在の長野県)
生年月日	1513年(誕生日は不明)
死亡年月日	1574年5月19日
享年	62歳(病死)

肖像

真田宝物館所蔵

1561年の川中島の戦い(第四次)では、妻女山の上杉本陣を奇襲する別働隊に加わったといわれる。その後、自ら攻略した岩櫃城(群馬県)を与えられ、武田家の重臣になった。55歳で長男の信綱に真田家をゆずり、信玄が亡くなった翌年、62歳で病死した。

真田宝物館所蔵

真田宝物館所蔵

幸隆の陣鐘・ほら貝

陣鐘も、ほら貝も、戦場で大きな音を出して兵に合図を送るための道具。どちらも幸隆が信玄から与えられたものと伝わる。

昌幸が仕えた武田信玄の子

武田勝頼

出身地	甲斐(現在の山梨県)
生年月日	1546年(誕生日は不明)
死亡年月日	1582年3月11日
享年	37歳(自害)

肖像

武田勝頼は武田信玄の子として生まれ、信玄の死後、武田家を継いだ。勝頼は領地を広げるため、積極的に周囲の大名たちと戦い、1575年、家康に味方する長篠城(愛知県)への攻撃を開始した。しかし援軍として現れた信長・家康の連合軍に大敗し、真田信綱や真田昌輝をはじめ、多くの優秀な家臣を戦死させた。

勝頼は、能力を認める昌幸に、真田家を継ぐように命じ、昌幸らの協力を得て、武田家の勢いを復活させようとした。しかし高天神城(静岡県)が家康に攻められたときに援軍を送らなかったため、家臣の信頼を失った。

1582年、信長が勝頼の領地に攻めこむと、家臣たちは次つぎと裏切った。追いつめられた勝頼は、本拠地の新府城(山梨県)から家臣の人質たちを解放した後、岩殿城(山梨県)へにげようとした。しかし家臣に裏切られて、にげ場を失い、自害した。

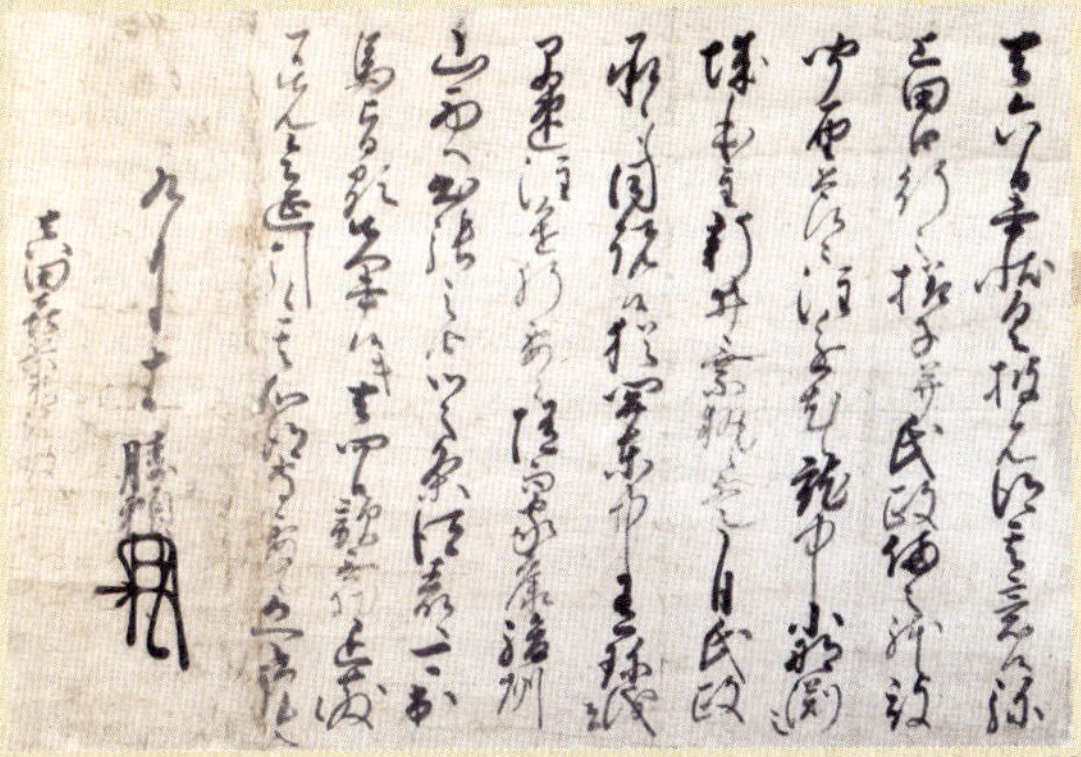

真田宝物館所蔵

昌幸に宛てた手紙 勝頼が、昌幸に出した手紙。関東での北条氏政や徳川家康の動きを伝えている。

上杉景勝

昌幸と同盟を組み、信繁を人質にした

上杉景勝は10歳で、越後（現在の新潟県）の大名・上杉謙信の養子になり、謙信の死後、上杉家を継いだ。本能寺の変後、信濃（現在の長野県）をめぐって家康と争いをはじめた。この争いの最中に、昌幸と同盟を結び、人質として差し出された信繁を受け入れた。景勝は信繁の才能を認め、家臣として取り立てたという。

出身地	越後（現在の新潟県）
生年月日	1555年11月27日
死亡年月日	1623年3月20日
享年	69歳（病死）

肖像

景勝・兼続像
兼続（右）は、参謀として景勝（左）を支え続けた（山形県）。

直江兼続

関ケ原の戦いのきっかけをつくる

上杉景勝の家臣・直江兼続は、人質だった信繁と親しく接したという。秀吉の死後、天下をねらおうとする家康に対し、「直江状」と呼ばれる手紙を送りつけ、家康に歯向かった。これを読んだ家康は激しく怒り、会津（福島県）の上杉家を攻めるために出陣。これが関ケ原の戦いのきっかけになった。

出身地	越後（現在の新潟県）
生年月日	1560年（誕生日は不明）
死亡年月日	1619年12月19日
享年	60歳（病死）

肖像

北条氏政
ほうじょううじまさ

昌幸と沼田城をめぐって争う

関東を支配する北条氏政は、信長の死後、混乱する関東で勢力を広げようとし、沼田城(群馬県)をめぐって昌幸と争った。氏政は同盟を結んだ家康に、昌幸の沼田城をゆずるように求めたが、これがきっかけで、第一次上田合戦が起きた。その後、秀吉に逆らったため、小田原城を包囲され、降伏したが切腹させられた。

沼田城跡
氏政は、沼田城をめぐって昌幸と争い続けた(群馬県)。

出身地	相模(現在の神奈川県)
生年月日	1538年(誕生日は不明)
死亡年月日	1590年7月11日
享年	53歳(切腹)

肖像

豊臣秀吉
とよとみひでよし

昌幸を従えて信繁を人質にする

尾張(現在の愛知県)の農家出身で、信長に仕えて出世した。本能寺の変を起こした明智光秀を倒して権力をにぎり、対抗する家康を配下にした。その後、配下になった昌幸から差し出された信繁の才能を認め、家臣として取り立てた。また昌幸や信繁らに伏見城(京都府)の建設を手伝わせた。

伏見城の石垣跡
伏見城の石垣の材料となった石が、現在も残っている(京都府)。

出身地	尾張(現在の愛知県)
生年月日	1537年(誕生日は不明)
死亡年月日	1598年8月18日
享年	62歳(病死)

肖像

戦国おもしろコラム

戦国武将は官職名で呼び合った!?

権威を高めるために官位をほしがった

日本の朝廷では、奈良時代に官位(官職と位階)制度が確立した。官職とは朝廷の職のことで、位階とは個人の地位を表す等級である。位階は全部で30階あり、位階によって、官職は決まっていた。

戦国時代の大名たちは、自らの権威を高めるため、朝廷から従五位上・従五位下の位階と、「守(地方長官)」という官職を得ようとした。秀吉は朝廷に働きかけて、臣下の大名たちに官職を授けてもらい、豊臣政権を安定させたという。秀吉の配下になった大名の多くは、従五位上・従五位下の位階を授かっている。

また、戦国時代、相手の名前(諱)を呼ぶことは失礼だった。このため、大名どうしは、官職名で呼び合うことが一般的だった。信繁は「真田殿」「信繁殿」ではなく、「左衛門佐殿」と呼ばれていたのである。

位階とおもな官職

位階	おもな官職
正一位	太政大臣
従一位	
正二位	左大臣、右大臣、内大臣
従二位	
正三位	大納言
従三位	中納言、大将
正四位上	卿
正四位下	
従四位上	左大弁、右大弁
従四位下	中将
正五位上	大輔、大弐
正五位下	大輔、少将
従五位上	守、少輔
従五位下	守、少輔、*衛門佐

＊衛門府の次官で、左衛門佐と右衛門佐の２名いる。

戦国武将のおもな官職

安房守 真田昌幸

左衛門佐 真田信繁

治部少輔 石田三成

伊豆守 真田信幸

山城守 直江兼続

刑部少輔 大谷吉継

2章
第二次上田合戦

秀吉と結婚した茶々（淀殿）は、1593年、秀頼を産んだ。

ほれ、信繁！抱いてみぃ！
は、はい！

おぉ、なんとかわいい子じゃ！

弁丸は秀吉のもとで*元服し、信繁と名を改めていた。

＊大人になったことを示す儀式

1594年、秀吉の働きかけにより、信繁は「従五位下 左衛門佐」という官位を朝廷から授かった。
正五位 上 下
従五位 上 下
正六位 上 下
従六位
こ、このような高い官位を私に…!?

そんなことより、あれを見てみぃ！
そんなこと…

どうじゃ？美人じゃろう！
茶々には負けるがなっ
……
大谷吉継の娘
（後の竹林院）

な？　嫁にぴったりだと思わんか？
殿下…秀頼様が生まれたばかりだというのに…

何を言っとる!?おぬしの嫁に決まっとろうが！
え!?

おぬしはもう人質ではない！わしの家臣だ
ニッ
じ〜ん…
殿下……！

豊臣をいつまでも支えてくれ、信繁！
はっ
いかなるときも豊臣のために尽くします！

しかし4年後――秀吉は病に倒れ、この世を去った。

ぐすっ
う……
殿下…！

この信繁
命をかけて殿下のご恩に報いてみせます…！

三成殿の気持ち、痛いほどわかる…
人質だったおれをここまで大切にしてくださった…

これで豊臣は終わりだな…
これからはわしの時代よ！

家康は次の天下をねらって動きはじめたが、それを三成に気づかれ思うように事が運ばなかった。

三成め、目ざわりな！
やつを倒せる大義名分がほしいな…
がじがじ

そんなとき、上杉景勝が家康に会津（福島県）の反抗した。
家康の言いなりになるのは我慢ならん！

景勝め…こしゃくな！
むむむむむ

待てよ……景勝を討伐すると見せかけてわしが大坂を離れたら三成は必ず挙兵するはず…！
！
そうなれば反逆者として三成を倒せる！

1600年6月家康は兵を連れて大坂を出発。
すると家康の予想どおり三成は挙兵し、東へ進んだ。

小山（栃木県）で三成の挙兵を知った家康は、江戸城（東京都）に引き返した後、西へ向かった。
かかったな三成め！
小山
江戸城
関ケ原
大坂

家康と三成の対決が迫る中、昌幸、信繁、信幸らは会津へ向かう途中、犬伏（栃木県）で三成からの手紙を受け取った。

会津
犬伏
小山

…私は長く家康様に仕えて参りました…
……わかった

それに私の妻は徳川四天王の一角、本多忠勝様の娘です!
今さら、徳川を裏切るわけにはいきません!

ち、父上!?
これならどちらが勝っても真田家は残るからな

では、信幸は家康殿に、わしと信繁は三成殿に味方することにしよう!
!?

真田家を守ることがわしの役目じゃ
おまえたちも自分の役目をしっかり果たせ!

この後、昌幸と信繁は上田城にもどり、信幸は徳川秀忠のいる宇都宮城へ向かった。
宇都宮城
上田城
犬伏
家康の子
徳川秀忠
徳川に逆らう昌幸を討伐するぞ!

わしはこれより上田城を攻める
信幸、おまえも参加するのだ!
父上は「この戦いに勝利したら、信幸に昌幸の領地を与える」と約束された

徳川の勝利のためしっかりはげめ!
ははっ!
はっはっはっ

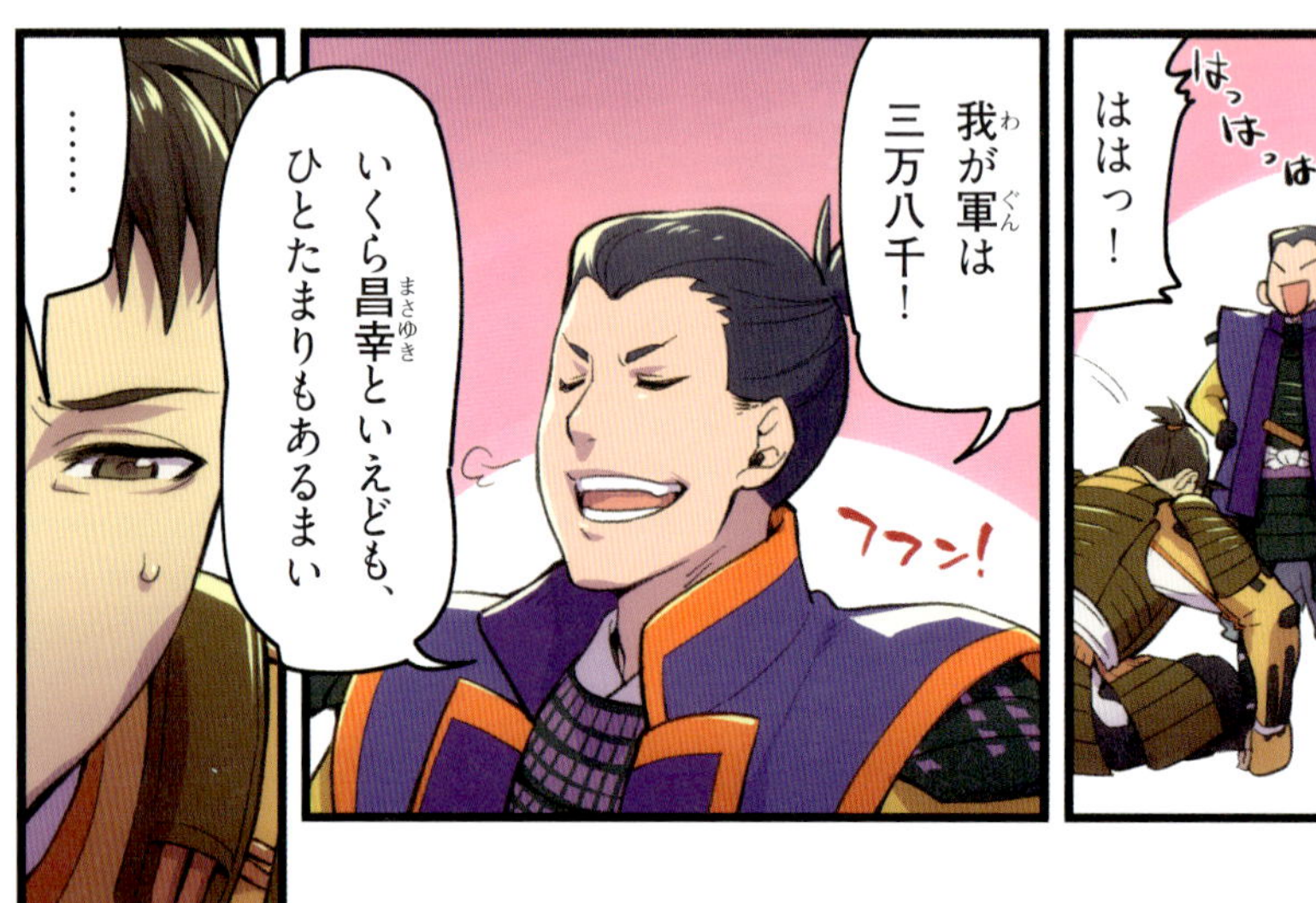
我が軍は三万八千!
フフン!
いくら昌幸といえども、ひとたまりもあるまい
……

徳川軍が上田城に迫ると、昌幸は降伏を伝えてきた。
上田城
我が徳川の大軍を見て恐れをなしたか！

しかし4日後――
昌幸は態度を変え、秀忠を挑発してきた。
んべえ！
やっぱりやーめた！
上田城

くそっ！降伏とはただの時間稼ぎだったのか！ふざけおって…！

もう我慢ならん！総攻撃じゃ！
まずは戸石城を信幸に攻めさせよ！

ところが信幸が戸石城に攻めこむと城を守っていた信繁は戦わずに撤退した。

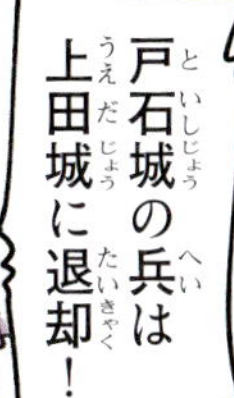
戸石城の兵は上田城に退却！

ぬははハハ
ふん！腰抜けどもめが！

信幸はこのまま戸石城の守備にあたれ！
我らは上田城へ向かう！真田を打ち破れ！

秀忠の本隊は
上田城外で真田兵を
破り、上田城へ迫った。
ドドドドドドドドドドド
まてー!
上田城

上田城へ
にげこみます!
わ〜〜!
構わん!
突っこめ!

ゴゴゴゴ
ザンッ!
ようこそ
上田城へ!
土産はたくさん
やらんとな!

ドドドドドド
うおおおお!!!
はっはっは〜!
うて、うて!

父上!おれたちも
行きましょう!
うむっ!

信繁と昌幸は上田城を飛び出し
再び徳川兵をおびき出した。
追撃する徳川兵が神川を渡ったところで、
上流に築いていた堤防をこわした。
このため多くの徳川兵がおぼれ死んだ。
しかし、秀忠のもとに
家康から命令書が
届いた。
「早く合流せよ」…
上田城攻めは中止だ…!
フル
フル

わ、我が軍の
大敗北です!
おのれ、真田〜!
次こそぶっ倒す!

父上、追撃しなくてよいのですか？
構わんさ
ゾロ
ゾロ
これだけの大軍を足止めしたのだ…
三成殿は有利に戦いを進めているだろう…
数日後――届いた手紙を見て昌幸たちはおどろいた。
関ケ原での戦いがわずか1日で決着したこと…
そして、三成が敗れたことが書かれていた。

昌幸と信繁は家康から処刑されかけたが、信幸の必死の説得で、命はたすけられた。
領地は要りません！父と弟の命だけはどうかたすけてください！
昌幸と信繁は、九度山（和歌山県）へ追放となり、
家族や家臣たちとともに貧しい暮らしを送ることになった。

秀頼様はご無事だろうか…
ざくっ
ざく
ざく

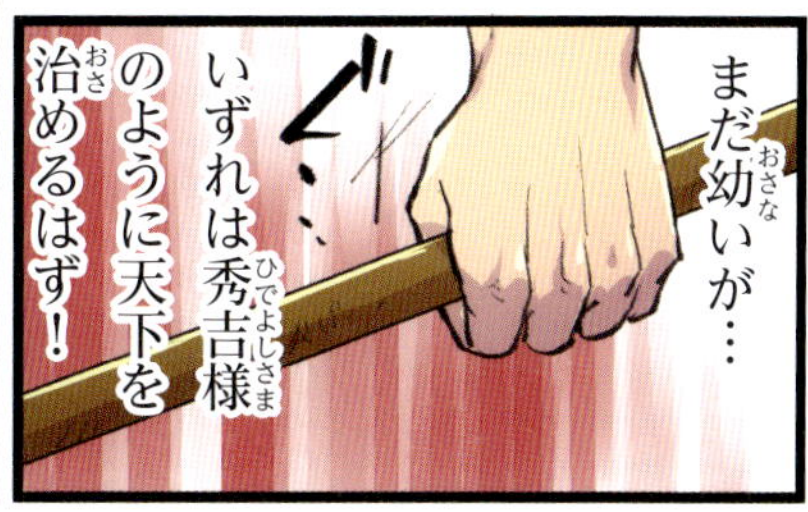

まだ幼いが…
いずれは秀吉様のように天下を治めるはず!

そのときは、おれが力にならねば!
武芸の鍛錬を怠っていられない!

——そして時間は流れ——

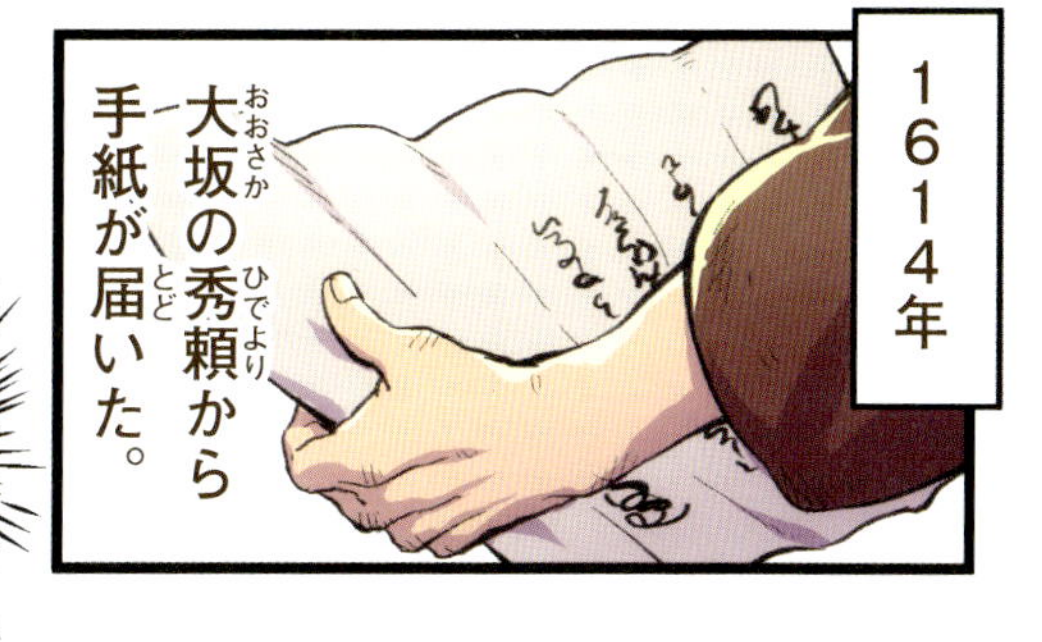

1614年
大坂の秀頼から手紙が届いた。

徳川との対立を深めた豊臣は戦いを決意し、各地の武将たちに招集をかけた。
とよとみひでより
豊臣秀頼
よどどの
淀殿

ついに…!
ときが来た!!

名護屋城の想像図
秀吉が朝鮮出兵の拠点にするため、肥前(現在の佐賀県)に築いた城で、1592年に完成した。周辺には、朝鮮出兵に参加する大名たちの屋敷が130以上も建ち並んでいた。

名護屋城で待機したが出撃はしなかった

1592年、秀吉は明(中国)の征服を目指し、肥前(現在の佐賀県)に名護屋城を完成させた。そして全国の大名に命じて約15万人の軍勢を編成し、朝鮮半島に上陸させた(文禄の役)。昌幸、信幸、信繁らも名護屋城に参陣したが、朝鮮半島に上陸した記録は残っていない。真田軍は徳川軍に組みこまれており、徳川軍が出撃しなかったため、真田軍も出撃しなかったと考えられている。

豊臣軍は各地で朝鮮軍を破って進撃を続け、加藤清正は明の国境まで進出したが、明の援軍が到着すると反撃され、苦戦が続いた。

朝鮮出兵を無茶な戦争と考えていた豊臣軍の小西行長らは、石田三成と協力して、明との和平交渉を進めた。秀吉は明に「朝鮮半島

を日本にゆずれ」という無理な要求をしたが、小西らは無視して、停戦（合戦の中止）を実現させた。

ビジュアル資料

名護屋城

朝鮮出兵当時の名護屋城をえがいた絵で、出航する安宅船も見られる。

安宅船

日本の大型の軍船。

加藤清正（1562～1611）

秀吉に幼い頃から仕えた武将で、秀吉の天下統一をたすけた。朝鮮出兵では、朝鮮半島の奥地まで攻めこむ活躍を見せた。

出撃の準備をする昌幸たち

昌幸、信幸、信繁らは名護屋城に参陣したが、朝鮮半島には渡らなかったといわれる。

なるほどエピソード

朝鮮出兵がきっかけで三成と清正が対立した!?

朝鮮出兵を無茶な戦争だと感じていた石田三成らは、明との講和を進めた。しかし加藤清正が反対したため、三成は秀吉に清正のことを悪く報告し、怒った秀吉は清正に帰国を命じた。このため清正と三成の仲は悪くなった。

1594年 28歳

伏見城築城を手伝う

秀吉のための豪華な城の建設を担当する！

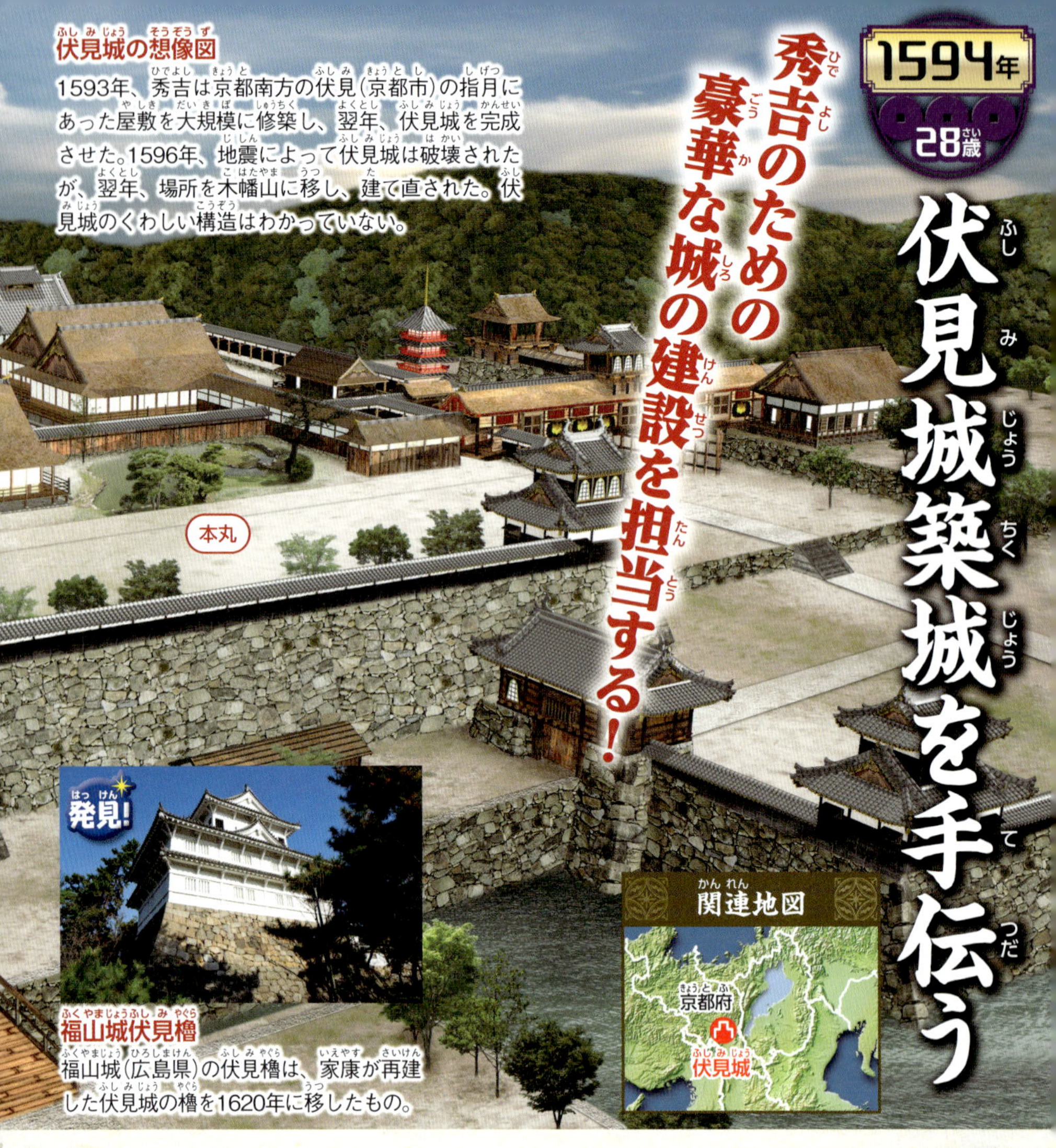

伏見城の想像図
1593年、秀吉は京都南方の伏見（京都市）の指月にあった屋敷を大規模に修築し、翌年、伏見城を完成させた。1596年、地震によって伏見城は破壊されたが、翌年、場所を木幡山に移し、建て直された。伏見城のくわしい構造はわかっていない。

福山城伏見櫓
福山城（広島県）の伏見櫓は、家康が再建した伏見城の櫓を1620年に移したもの。

昌幸や信繁は城の建設にかり出される

1592年、文禄の役のとき、昌幸、信幸、信繁らは名護屋城に参陣した。翌年、秀吉と淀殿（信長の妹・お市の方の長女）との間に秀頼が誕生した。

秀頼を後継者にして、秀頼に大坂城をゆずりたかった秀吉は、自分の城として京都南方の伏見にある指月に、伏見城（京都府）の建設を開始した。昌幸、信幸、信繁らは名護屋城で1年近くすごした後、出撃することなく、大坂に帰った。その後、昌幸らは伏見城建設のため、材木などを運ぶことを命じられた。こうして伏見城は完成した。

秀吉は完成したばかりの伏見城に、淀殿と秀頼を連れて移り住んだ。その2年後、京都一帯に大地震が起こり、伏見城は大きな被害

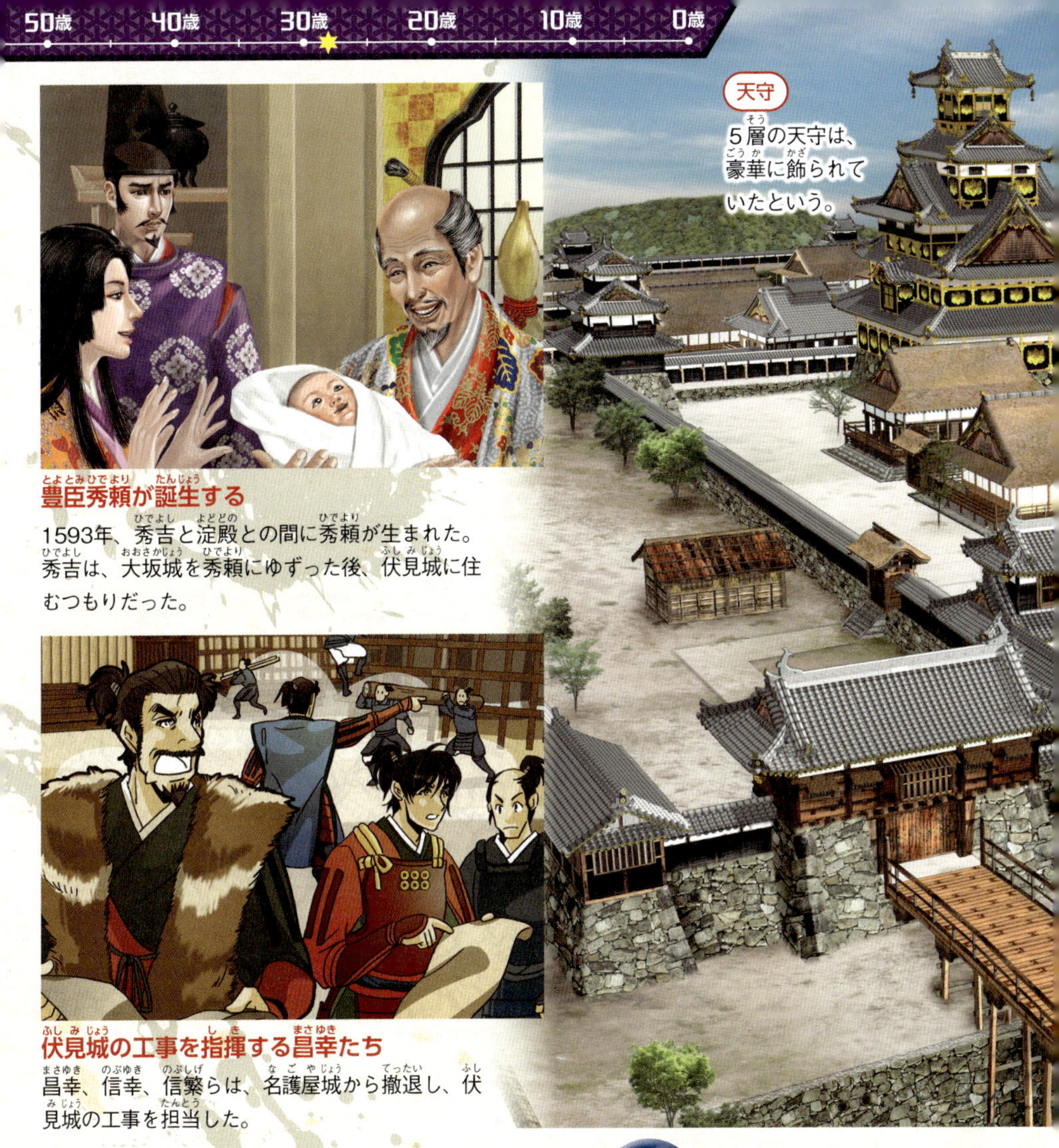

天守
5層の天守は、豪華に飾られていたという。

豊臣秀頼が誕生する

1593年、秀吉と淀殿との間に秀頼が生まれた。秀吉は、大坂城を秀頼にゆずった後、伏見城に住むつもりだった。

伏見城の工事を指揮する昌幸たち

昌幸、信幸、信繁らは、名護屋城から撤退し、伏見城の工事を担当した。

を受けたため、秀吉は、伏見の木幡山に伏見城の再建を開始した。昌幸らは、このときの工事も手伝っている。同じ年、秀吉は再び朝鮮半島への出兵を諸大名に命じたが、昌幸は伏見城建設を手伝うため、伏見に残ったといわれる。

なるほどエピソード

信繁は信幸と一緒に官位を与えられた!?

1594年、信繁は秀吉のすすめによって、朝廷から「従五位下・左衛門佐」という官位を与えられた。同じ時期に、信幸も「従五位下・伊豆守」の官位を与えられた。信繁は秀吉から、信幸と同じ待遇を受けていたのだ。

竹林院と結婚する

信繁は大谷吉継の娘と結婚する！

大谷吉継の娘と結婚する信繁
信繁は、秀吉の側近（主君の側で仕える家臣）だった大谷吉継の娘（竹林院）と結婚した。

結婚で豊臣家との結びつきを強める

伏見城（京都府）が完成すると、信繁は秀吉から伏見城下に屋敷を与えられた。また、秀吉の働きかけにより、朝廷から「従五位下・左衛門佐」という官位を授けられた。信繁は秀吉から高く評価され、豊臣政権を支える重要な人物のひとりになった。

これと同じ時期、秀吉は、側近（主君の側に仕える人）として深く信頼していた大名・大谷吉継（➡P117）の娘と、信繁を結婚させた。これにより、信繁と豊臣家の結びつきはさらに強くなった。

1597年、秀吉は再び明（中国）と戦うことを決意し、約14万人の大軍を朝鮮半島に差し向けた（慶長の役）。しかし朝鮮軍や明の援軍、義兵（朝鮮の民衆軍）などの抵抗により、豊臣軍は苦戦が続い

竹林院(1580?〜1649)

大谷吉継の娘で、信繁と結婚した。「竹林院」は死後につけられた名前で、生前の名前は不明。信繁と行動をともにし、長男の大助や次男の大八、四女のあぐりなどを生んだ。

(➡P118)

家康を枕元に呼ぶ秀吉

1598年、病気で倒れた秀吉は、家康を呼んで、幼い秀頼を支えてほしいと頼み、遺言状を渡した。

た。そんな中、秀吉は病気で倒れ、「幼い秀頼の将来を守ってほしい」と、家康や石田三成などに頼んだ後、伏見城で亡くなった。このとき、昌幸や信繁は伏見城下にいたという。秀吉の死後、豊臣軍は朝鮮半島から撤退した。

なるほどエピソード

信幸は家康の養女と結婚した!?

信繁の兄・信幸は、1590年（結婚時期は諸説ある）、本多忠勝（家康の重臣）の娘で、家康の養女（養子になった女性）だった小松姫（⬇P119）と結婚した。この結婚をきっかけに、信幸は家康と親しくなっていった。

1600年
34歳
犬伏の別れ
昌幸は、犬伏(栃木県)で信幸と信繁を呼び寄せ、家康と三成のどちらに味方するべきかを話し合った。この結果、昌幸と信繁は三成に、信幸は家康に味方することになった。
昌幸と信繁は三成につき
信幸は家康につく！
関連地図
栃木県
犬伏
小山

犬伏の別れ

3人は話し合いの末に袂を分ける決断をする

秀吉の死後、天下をねらう家康は、「会津(福島県)の上杉景勝が反乱を起こそうとしている」と決めつけ、諸大名を引き連れて大坂城を出陣した(会津征伐)。伏見城に入った家康は、家臣の鳥居元忠を残し、会津へ向けて出発。すると三成は西軍(石田軍)を組織し、家康を倒すために兵を挙げ、伏見城を攻め落とした。伏見城の落城を小山(栃木県)で知った家康は、三成と戦うために東軍(徳川軍)を組織し、西へ引き返した。

このとき昌幸や信幸、信繁らは会津征伐に参加するため、宇都宮(栃木県)を目指していた。犬伏(栃木県)に到着したとき、三成から昌幸のもとに「家康と戦う決意をしたので味方になってほしい」という手紙が届いた。昌幸は信幸と信

関ケ原の戦いがはじまるまで

1 家康と三成が対立する

秀吉亡き後の天下をねらう家康と、豊臣家の天下を守ろうとする三成は、多くの大名をまきこみ対立した。

2 会津征伐

家康は、「上杉景勝は反乱を起こそうとしている」と決めつけて出陣し、伏見城に入った。

3 三成が挙兵する

家康が会津に向かうと、伏見城が手薄になった隙に、三成が挙兵し、城を攻め落とした。

繁を呼び、三成と家康のどちらに味方するべきか相談した。その結果、信幸は家康の味方に、昌幸と信繁は三成の味方になることが決まった。昌幸は、どちらが勝っても真田家は残ると考え、父兄弟が敵味方に分かれる決断をしたという。昌幸と信繁は上田城へ引き返し、信幸は宇都宮へと向かった。

昌幸と信繁はなぜ西軍に味方した!?

関ケ原の戦いのとき、昌幸や信繁が西軍に参加した理由は何だろう?

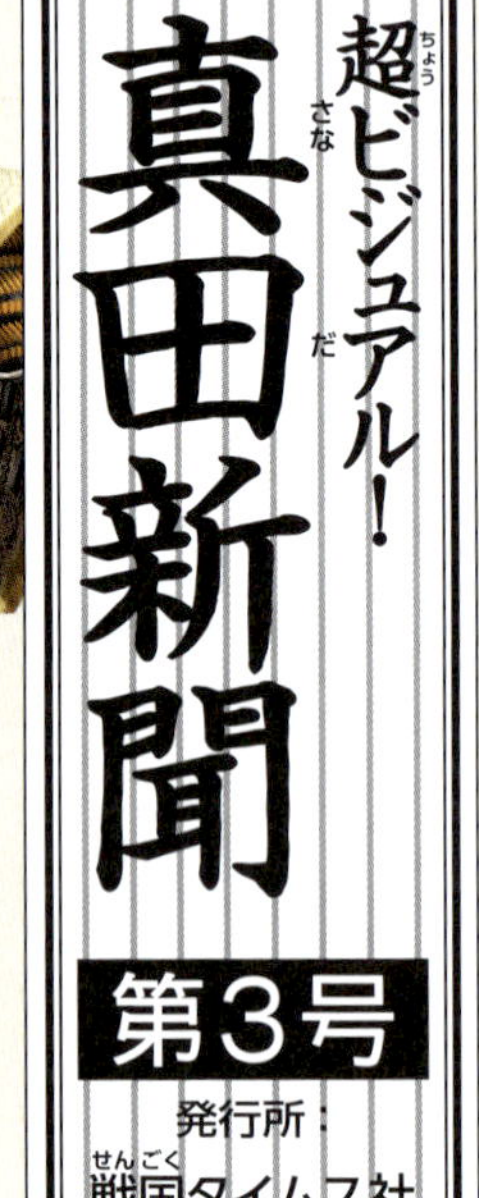

超ビジュアル!
真田新聞
第3号
発行所:戦国タイムス社

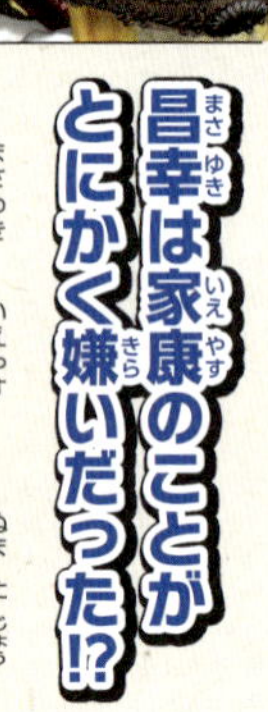

昌幸は家康のことがとにかく嫌いだった!?

昌幸は家康から沼田城をゆずるように命令されるなど、ひどい目に合わされた。秀吉の仲介で昌幸は家康と仲直りしたが、心の中では家康が嫌いで、味方にならなかったという。

昌幸と信繁は秀吉に恩を感じていた!?

昌幸は家康と対立していたときに秀吉の配下となり、領地を守ってもらった。信繁は秀吉の人質になったが、才能を認められ、秀吉の家臣として出世した。ふたりは秀吉に恩を感じていたといわれる。

石田三成氏に独占インタビュー

西軍を率いる石田三成氏

質問 昌幸を西軍に誘った理由は?

昌幸殿は上田合戦で徳川軍に勝利した優れた武将です。私が挙兵したら、すぐに味方になってくれるように頼みました。昌幸殿は、「わしに何の相談もなく挙兵するとは、どういうことだ」と怒りましたが、謝ると許してくださり、味方になってくれました。

昌幸は家康が不利だと考えていた!?

三成が挙兵したとき、昌幸は、「家康に従って会津征伐に向かった大名のほとんどは、秀吉に恩を感じているため、家康に味方しないだろう」と考えていた。また昌幸は三成から、「もし苦戦すれば援軍を送る」と約束されていたため、西軍に参加したという。

武田信玄の領地を取りもどそうとした!?

昌幸は西軍に参加する見返りとして、信濃（現在の長野県）と甲斐（現在の山梨県）を攻め取って自分の領地にする権利を、三成に認めさせた。甲斐と信濃は、昌幸が尊敬していた武田信玄の領地だったため、自分の手で取りもどそうと思っていたようだ。

大谷吉継は敗北を覚悟していた!?

三成の親友だった大谷吉継は、三成が家康と戦っても勝てないと考え、三成に戦いをやめるように何度も説得したという。

昌幸の敗戦!?

犬伏の別れの後、昌幸は沼田城に立ち寄った。

沼田城は兄上の城ですよ

信幸がいないすきに乗っ取るのだ！

スッ

昌幸じゃ！城に入れてくれ！

孫の顔を見に来たぞ！

義父上であっても、もはや敵です！

城に入れるわけには参りません！

ばん

小松姫（信幸の妻）

さすがは信幸の妻じゃ！

あきらめましょう

第二次上田合戦

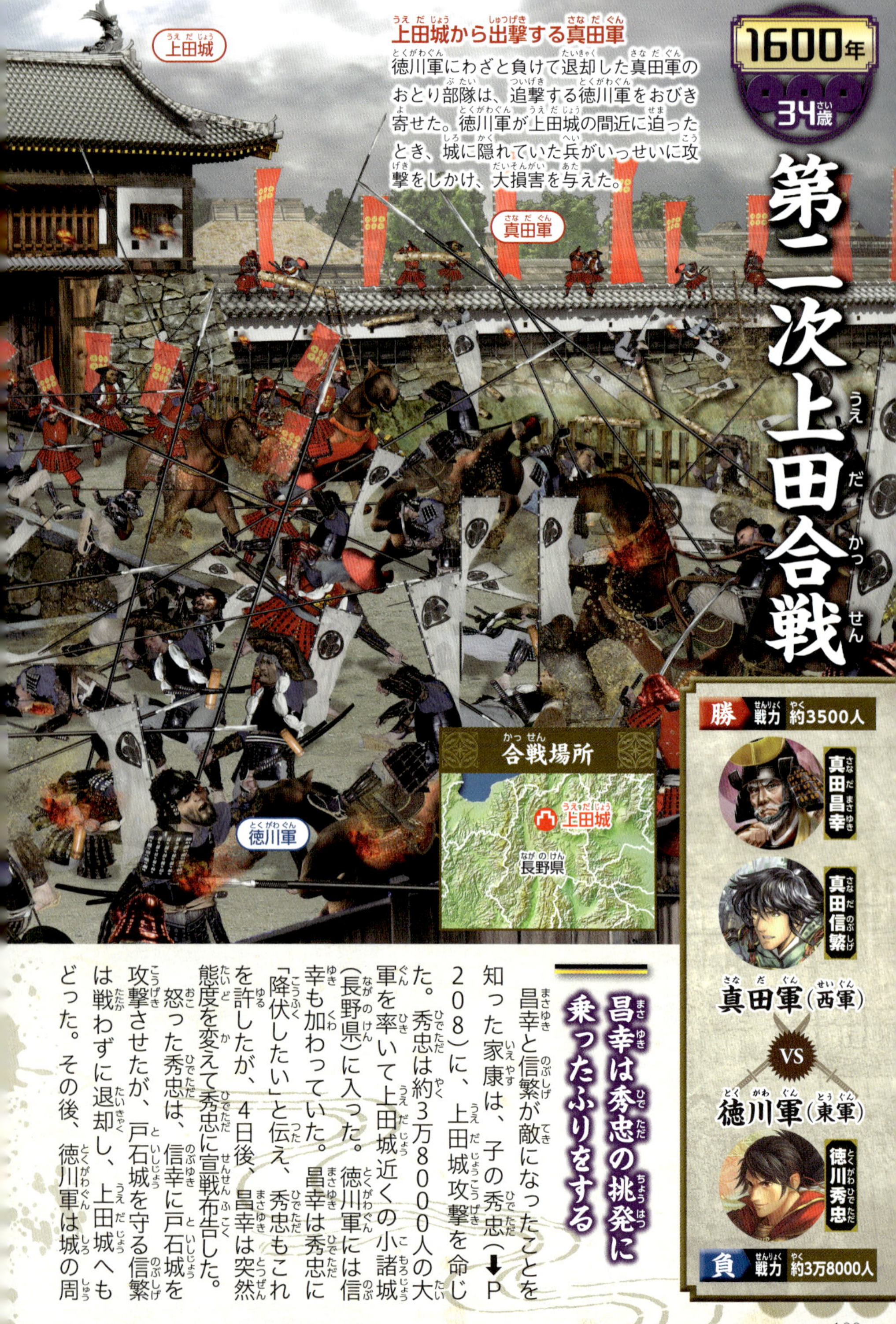

昌幸は秀忠の挑発に乗ったふりをする

昌幸と信繁が敵になったことを知った家康は、子の秀忠（⬇P208）に、上田城攻撃を命じた。秀忠は約3万8000人の大軍を率いて上田城近くの小諸城（長野県）に入った。徳川軍には信幸も加わっていた。昌幸は秀忠に「降伏したい」と伝え、秀忠もこれを許したが、4日後、昌幸は突然態度を変えて秀忠に宣戦布告した。

怒った秀忠は、信幸に戸石城を攻撃させたが、戸石城を守る信繁は戦わずに退却し、上田城へもどった。その後、徳川軍は城の周

第二次上田合戦（前半）の流れ

1 昌幸がうその降伏をする

徳川軍が近づくと、昌幸は秀忠に降伏を申し入れた。秀忠が攻撃を中止している間に、昌幸は合戦の準備を整えた。

2 信幸が戸石城を攻める

昌幸にだまされたことを知った秀忠は、攻撃を決意し、信幸に戸石城を攻めさせた。戸石城を守る信繁は上田城へ退却した。

3 徳川軍を上田城に誘いこむ

真田軍のおとり部隊が、わざと負けて徳川軍を上田城に誘いこんだ後、城に隠れていた兵がいっせいに攻撃をしかけた。

P103へ

合戦を指揮する昌幸と信繁

戸石城から退却した信繁は、上田城に入り、昌幸と一緒に真田軍を指揮した。信幸は、攻め取った戸石城の守備を任されたため、昌幸や信繁と戦わずにすんだ。

辺で稲を刈り取りはじめた。この挑発にわざと乗った昌幸は、おとり部隊を出撃させ、徳川軍と戦わせた。おとり部隊はわざと負けて退却を開始し、追撃してくる徳川軍を上田城まで誘いこんだ。このとき、城に隠れていた兵がいっせいに徳川軍に攻撃を開始した。

昌幸と信繁は徳川軍の目の前に姿を現す！

徳川軍をおびき寄せる昌幸と信繁
昌幸と信繁は、徳川軍を再び上田城におびき寄せるため、少数の兵を連れて、徳川軍の間近に出向いた。これを見つけた徳川軍が追撃してくると、ふたりは上田城へ向かってにげた。

昌幸は別働隊に秀忠本陣をおそわせる

昌幸と信繁は、徳川軍を再び上田城におびき寄せるため、少数の兵を連れて徳川軍のすぐ目の前に現れた。これを知った徳川軍は、昌幸らをうち取ろうとして追撃を開始。にげる昌幸らを追って神川を渡りはじめた。そのとき、昌幸は神川上流に築いていた堤防を決壊させた。大量の川の水は一気に流れ下り、徳川兵の多くがおぼれ死んだ。上田城まで追撃してきた徳川軍は、待ち構えていた兵によって攻撃され、大損害を出した。

また合戦前、昌幸は、上田城の北に位置する虚空蔵山（長野県）に別働隊を待機させていた。別働隊は、上田城での戦闘に気を取られている秀忠本陣の背後に回りこみ、攻撃をしかけた。本陣は大混乱におちいり、秀忠は小諸城へにげ帰っ

第二次上田合戦（後半）の流れ

4 昌幸と信繁が偵察に出る

徳川軍を上田城におびき寄せるため、昌幸と信繁は偵察に出た。徳川軍は追撃を開始し、上田城に迫った。

5 せき止めていた水を流す

昌幸らを追う徳川軍が神川を渡ろうとしたとき、上流で水をせき止めていた堤防をこわし、大量の水で兵をおぼれさせた。

6 隠れていた兵が攻撃する

上田城内に隠れていた兵が、城に攻めこんできた徳川軍を鉄砲でいっせいに攻撃。徳川軍は大きな被害を出した。

7 別働隊が秀忠本隊を攻撃する

虚空蔵山に配備していた真田軍の別働隊が、秀忠の本隊の背後から攻撃を開始。秀忠本隊は大混乱におちいった。

8 秀忠が関ケ原に向かう

小諸城に撤退した秀忠のもとに、家康から「美濃に向かえ」という命令が届いた。秀忠は急いで関ケ原に向かった。

た。残された徳川軍は、真田軍に追撃されて、総崩れになった。秀忠は上田城に再び総攻撃をしかけようとしたが、家康から「美濃（現在の岐阜県）に向かい、戦いに参加せよ」という命令が届いた。秀忠は急いで撤退し、美濃へ出発したが、関ケ原の戦い（⬇P104）には間に合わなかった。

関ケ原の戦い

東軍と西軍に分かれた全国の大名が激突する

家康と戦うことを決意した石田三成は、石田軍(西軍)を組織し、伏見城(京都府)を落とした後、美濃(現在の岐阜県)へ向かった。一方の家康は、徳川軍(東軍)を率いて、美濃へ入った。両軍は1600年9月15日の朝、関ケ原(岐阜県)で激突した。

午前中は一進一退の攻防が続いたが、西軍がやや有利に戦いを進めた。三成は総攻撃の合図を出したが、松尾山に布陣する西軍の小早川秀秋は動く気配を見せなかった。正午頃、秀秋は西軍を突然裏

総勢15万人が激闘した天下分け目の決戦!

関ケ原の戦い

戦闘は午前9時頃にはじまり、午前中は西軍がやや有利に戦いを進めたが、正午頃、西軍の小早川秀秋が突然裏切り、大谷吉継軍に攻撃を開始した。これをきっかけに、西軍は総崩れになった。

切り、大谷吉継軍への攻撃を開始した。これをきっかけに、西軍の武将が次つぎと裏切り、西軍は総崩れになった。三成は戦場から脱出したが捕らえられ、処刑された。

関ケ原での勝利により、家康は事実上、天下を取った。

小早川軍と戦う大谷吉継

名将として知られ、信繁の義父でもあった吉継は、病気のため白頭巾をかぶり、輿に乗って戦ったが、敗れて自害した。

1600年 34歳

九度山に追放される

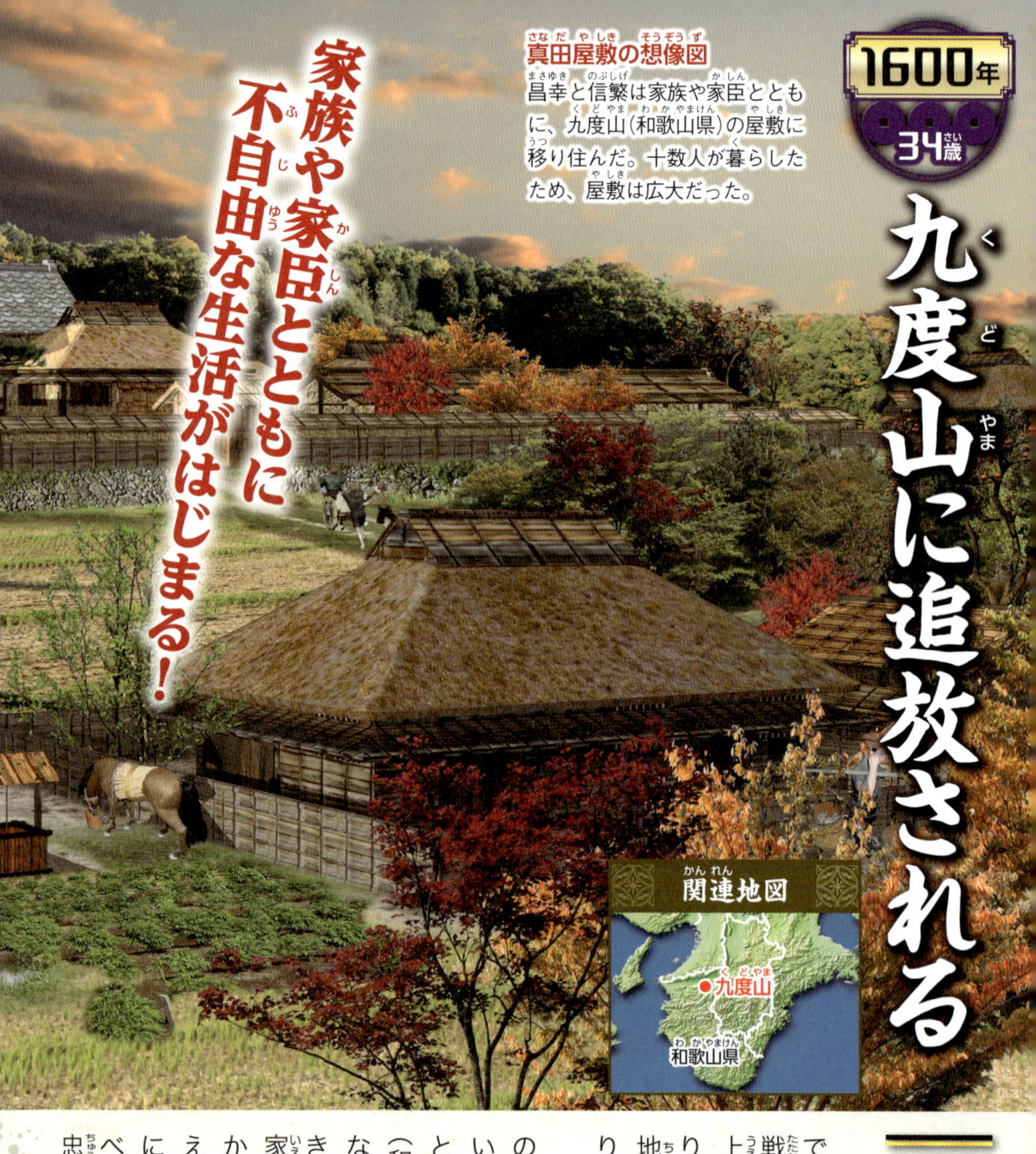

真田屋敷の想像図
昌幸と信繁は家族や家臣とともに、九度山（和歌山県）の屋敷に移り住んだ。十数人が暮らしたため、屋敷は広大だった。

死罪はまぬがれたが上田城から追放される

昌幸と信繁は、第二次上田合戦で徳川軍に勝利したが、関ケ原の戦いは、家康の勝利に終わった。上田城は孤立し、信幸の説得により、ふたりは降伏した。昌幸の領地だった上田（長野県）は家康に取り上げられ、信幸に与えられた。

信幸は家康に「領地は要らないので、父の命だけはたすけてほしい」と必死に説得したため、昌幸と信繁は死罪をまぬがれ、九度山（和歌山県）に追放されることになった。上田城から出されるとき、昌幸は「それにしても悔しい。家康こそ、こういう目に合わせたかった」と叫び、涙を流したと伝えられる。上田城は、家康の命令により徹底的に破壊され、堀もすべて埋められた。信幸は、家康に忠誠を示すため、昌幸から受け継いだ「幸」の字を「之」に改め、「信之」と名乗るようになった。

信繁は、妻の竹林院や子どもたちと合流し、昌幸や真田家の家臣16人とともに、九度山の屋敷に住みはじめた。

上田城から追放される昌幸と信繁

上田城から追放されるとき、昌幸は「家康こそ、こういう目に合わせたかった」と叫んだといわれる。

写真提供／公益社団法人和歌山県観光連盟

真田庵跡

真田屋敷は、後に「真田庵」と呼ばれるようになり、現在、善名称院（真言宗の寺院）になっている（和歌山県）。

なるほどエピソード

家康は昌幸を殺したかった!?

上田合戦で、真田家に2回も敗れた家康は、関ケ原の戦い後、昌幸と信繁を死罪にするつもりだった。しかし信幸や、信幸の義父・本多忠勝（家康の重臣）などが、必死に命ごいをしたため、家康は昌幸らを死罪にできなかった。

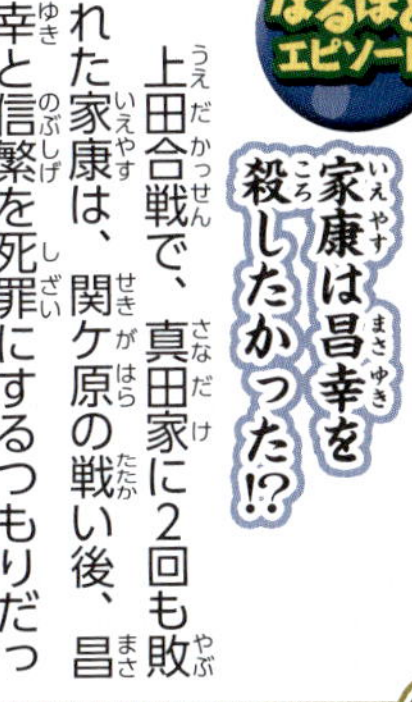

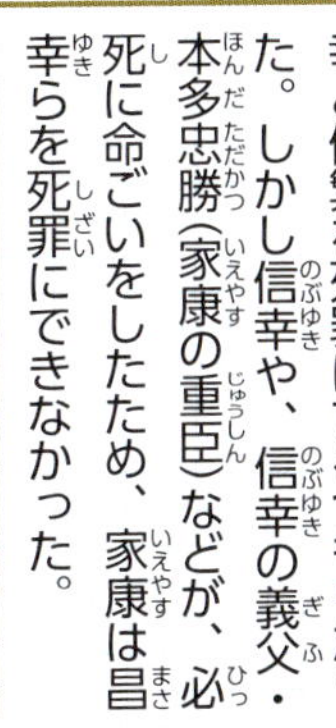

昌幸が病死する

昌幸の手紙を代筆する信繁

1611年、病気になり、自分で筆を持つことができなくなった昌幸は、信繁に手紙を代わりに書いてもらった。この約2か月後、昌幸は亡くなった。

信之からの仕送りを頼りに貧しく暮らす

昌幸や信繁たちの九度山での生活は苦しく、信之からの仕送りが頼りだった。仕送りだけでは足りなかったため、昌幸は親類や知人にお金をねだる手紙を送ったり、九度山周辺で多額の借金をしたりしている。また信繁に長男の大助(➡P206)や三女の阿梅(➡P207)など、数人の子どもが生まれたため、生活はさらに苦しくなった。昌幸は数年のうちに罪を許されて上田(長野県)に帰れると思っていたが、家康は決して昌幸らを許さなかった。

九度山での生活が10年以上になると、昌幸は九度山を出ることをあきらめるようになり、気力もおとろえ、病気がちになった。信之は昌幸の見舞いに訪れたが、ふたりが話せたのはわずかな時間だけ

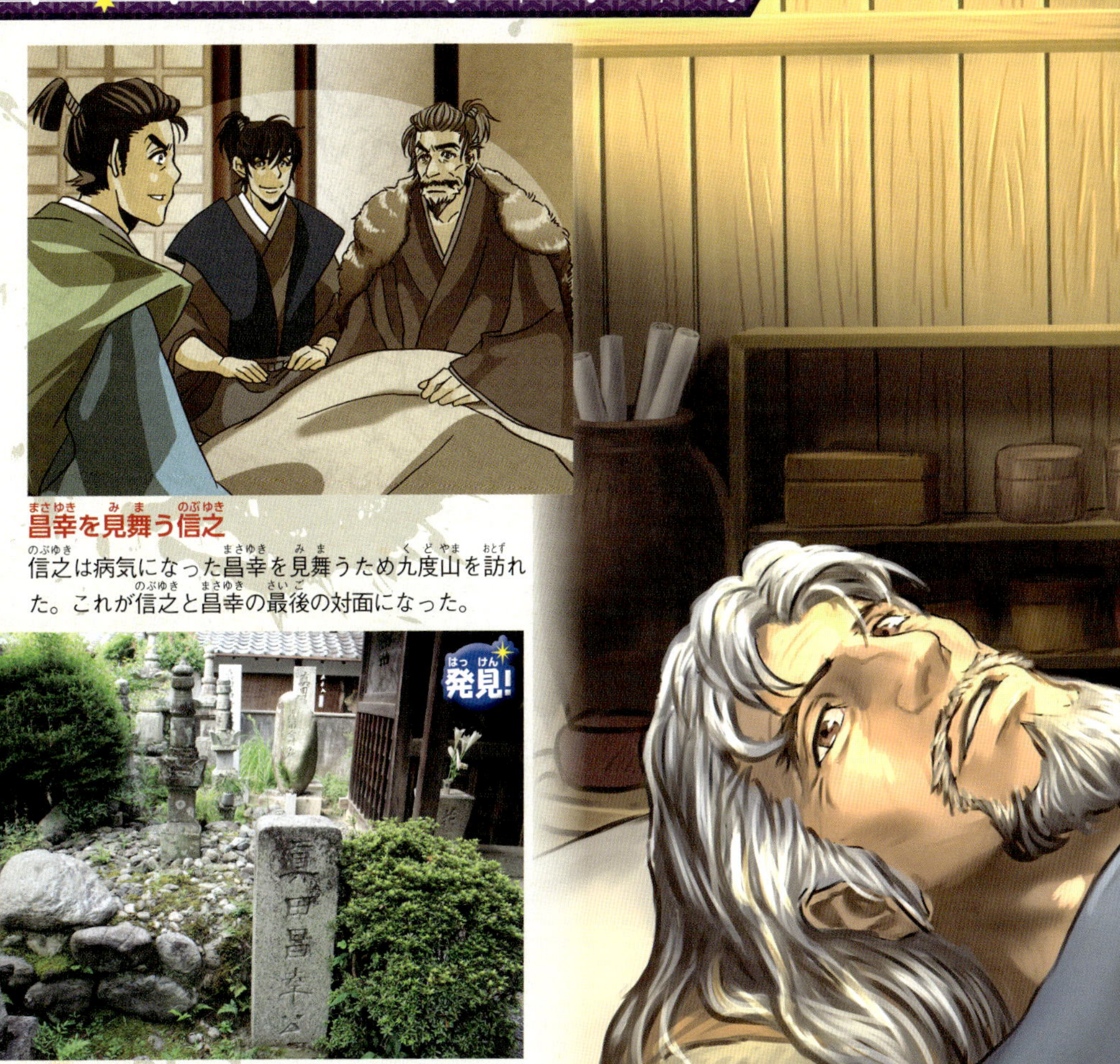

昌幸を見舞う信之

信之は病気になった昌幸を見舞うため九度山を訪れた。これが信之と昌幸の最後の対面になった。

昌幸の墓

写真提供／公益社団法人和歌山県観光連盟

真田屋敷で亡くなった昌幸は、この地に葬られた(和歌山県)。

だったという。その後、昌幸の病気は悪化し、自分で手紙を書けなくなるまでおとろえたため、信繁が代わりに手紙を書いてあげたという。そして九度山に追放されてから11年後、昌幸は65歳でこの世を去った。

なるほどエピソード

信之は父・昌幸の葬儀をあきらめた!?

昌幸が死んだことを知った信之は、「父の葬儀をおこないたい」と、家康の側近・本多正信に伝えた。しかし正信は、「昌幸は重罪人だから、今は葬儀をしない方がいい」と忠告した。信之は真田家を守るため、父の葬儀をしなかった。

1614年
48歳
九度山を脱出する
秀頼に誘われた信繁は大坂城へ向かう!
九度山を脱出する信繁たち
豊臣秀頼に招かれた信繁は、家族を引き連れて真田屋敷を抜け出し、大坂城へ向かった。
関連地図
紀見峠
九度山
和歌山県

方広寺の鐘をめぐり家康と秀頼が対立する

信繁が九度山(和歌山県)に追放されてから14年後、家康は、豊臣秀頼が建てた京都の方広寺の鐘に、自分を呪う言葉が刻まれているとして、秀頼を責めた。この「方広寺鐘銘事件」をきっかけに家康と秀頼の対立は激しくなり、両者の決戦は避けられなくなった。

家臣の少なかった秀頼は、全国の有力な浪人(主君のいない武士)を集めはじめた。秀頼は信繁のもとにも使者を送り、味方になってほしいと伝えた。信繁は秀頼のために大坂城に行くことを決意し、九度山を脱出した。

脱出したルートは諸説あるが、信繁たちは九度山から紀見峠(和歌山県橋本市)を越えて河内(現在の大阪府)に入り、大坂城へ向かったと考えられている。

方広寺鐘銘事件が起こる

秀頼が建てた方広寺（京都府）の鐘に刻まれていた「国家安康」を「家」と「康」の字を分断して家康に呪いをかけるものとし、「君臣豊楽」を「豊臣」の繁栄を願うものだとして、秀頼を責めた。

秀頼の使者と会う信繁

秀頼の使者は信繁に会い、豊臣家に味方することを求める手紙を渡した。

山道にあらかじめ目印をつけていた!?

信繁は、いざというときのために、山道に目印をつけていたという。信繁たちは、この目印を頼りに見張りがいない山道を通って九度山を脱出したそうだ。

写真提供／公益社団法人和歌山県観光連盟

真田の抜け穴

信繁たちが九度山を脱出するときに通った穴という伝説が残るが、実際は古墳である（和歌山県）。

信繁は九度山でどんな暮らしをしていた!?

昌幸の死後、信繁は九度山でどんな生活を送っていたのだろう？

超ビジュアル！
真田新聞
第4号
発行所：
九度山新聞

家臣の多くが去っていった!?

昌幸の死後、昌幸に仕えていた家臣の多くが上田に帰った。九度山に残って信繁に仕えた家臣は、高梨内記や青柳清庵と、彼らの子どもだけだったという。

信之に暮らしを支えてもらった!?

信之は、昌幸の死後も信繁の生活を支えるため、定期的に金を送った。信繁の屋敷が火事になったときは、借金をして得た大金を信繁に送った。信繁は信之に感謝しつつ、申し訳なく思っていたようだ。

酒でストレスを発散していた!?

信繁は、大坂（現在の大阪府）に住んでいた信之の家臣に、大きな壺をふたつ送り、「この中に焼酎（酒の一種）を入れて、ぴったりふたをして、送り返してほしい」と頼んでいる。

昌幸や兵法書から戦い方を学んだ!?

信繁は、昌幸が生きていたときには、昌幸から兵法（合戦での戦い方）を教えこまれていたという。また、信繁は夜遅くまで兵法書を読みふけり、近くの武士たちを集めて弓や鉄砲の訓練などをおこない、いつでも合戦に出られるように準備していたそうだ。

信之にわざと冷たくした!?

徳川家康と豊臣秀頼の対立が激しくなった時期、信繁は信之の家臣に、「お見舞いは必要ない」と、そっけない手紙を書いている。信繁は秀頼に誘われたら味方することを決意していたため、わざと冷たくして、信之との関係を断とうとしたのだといわれる。

信繁は雷を井戸に封じた!?

九度山（和歌山県）には、信繁が近くに落ちた雷を押さえて、封じこめたという井戸が残る。信繁の力強さやたくましさを示す伝説である。

「雷封じの井戸」。

写真提供／公益社団法人和歌山県観光連盟

酔わせて脱出!?

九度山を脱出するため、村人を呼んで宴会を開こう！

え、宴会ですか？

信繁は村人たちを集めて宴会を開いた。

さあ、飲んでくれ！

ありがとうございます！

全員が酔いつぶれると、信繁たちは出発した。

静かに！

急いで！

翌日、見張りの者が真田屋敷を見に行くと…

信繁はどこだ？

あれ？

どこに行ったかなあ？

信繁一家は大家族だった!?

堀田作兵衛の娘

真田家の家臣・堀田作兵衛の娘(または妹)。信繁が上田にいるとき妻(側室)になり、すえを産んだ。於市の母という説もある。

高梨内記の娘

真田家の家臣・高梨内記の娘。信繁の側室で、於市と阿梅を産んだ。

長男 **大助**

(➡P206)

三女 **阿梅**

(➡P207)

次女 **於市**

九度山で若くして死亡

長女 **すえ**

九度山には行かず、作兵衛の養女になる

4人の妻たちと10人の子どもがいた

戦国武将は、後継者の男子をもうけるため、多くの妻をもつことが当たり前だった。信繁も、正妻の竹林院のほかに、3人の妻(側室)がいたとされる。側室のうち、堀田作兵衛の娘と、高梨内記の娘は、どちらも真田家家臣の娘で、竹林院と隆清院は、秀吉との関わりが深い女性たちだった。しかし4人とも、くわしいことは不明である。

信繁には4人の妻との間に、男3人、女7人の、合計10人の子どもがいたといわれ、そのうち7人が九度山時代に生

豊臣秀次の娘(隆清院)

秀吉のおい・豊臣秀次の娘。秀次が処刑された後、九度山の信繁の側室になった。

大谷吉継の娘(竹林院)

秀吉の側近・大谷吉継の娘。信繁の正妻で、長男の大助をはじめ、5人の子を産んだ。

(➡P118)

真田信繁

三男 **幸信**

秋田藩・岩城家の家臣

五女 **なお**

秋田藩士・岩城宣隆の妻

次男 **大八**

仙台藩士となる

七女 **おかね**

幕府の御家人・石川貞清の妻

六女 **阿菖蒲**

仙台藩士・田村定広の妻

四女 **あぐり**

会津藩の重臣・蒲生郷喜の妻

まれたという(諸説あり)。大人数の家族を育てるため、信繁は生活費の工面に苦労し、信之からの仕送りで足りない分は、周囲の人びとに借金していたそうだ。

信繁の子どものうち、若くして亡くなった者もいるが、長生きして、信繁の子孫を残した者もいる。

戦国時代の女性の名前は隠された!?

戦国時代、基本的には、女性の名前を知っているのは、親や夫など、ごく親しい人だけだった。このため女性の名前は伝わっていないことが多い。また、「竹林院」や「隆清院」などは、法名(死者に授けられる名前)で、生前の名前は、わかっていない。

関ケ原の戦いで西軍の中心となる

石田三成

石田三成は秀吉の側近（主君の側で仕える人）で、事務的な仕事は得意だったが、合戦の指揮は苦手だった。忍城の戦いでは、昌幸や信繁らを率いて戦ったが、落城させられなかった。

秀吉の死後、三成は天下をねらって動きはじめた家康と対立した。1600年7月、三成は家康を倒すために兵を挙げることを決意し、昌幸に味方になってほしいと手紙を送った。昌幸は三成方につくことを決意し、上田城（長野県）で徳川秀忠軍を撃破した。しかし三成は、関ケ原の戦いに敗れ、家康に処刑された。

出身地	近江（現在の滋賀県）
生年月日	1560年（誕生日は不明）
死亡年月日	1600年10月1日
享年	41歳（刑死）

肖像

真田宝物館所蔵

三成が昌幸に宛てた手紙（一部）

関ケ原の戦いの前、三成は昌幸と手紙のやり取りをして、味方に引き入れた。

関ケ原に散った信繁の義父

大谷吉継

おおたによしつぐ

出身地	近江(現在の滋賀県)
生年月日	1559年(誕生日は不明)
死亡年月日	1600年9月15日
享年	42歳(自害)

大谷吉継は、三成と同じ近江(現在の滋賀県)出身で、秀吉の側近として豊臣政権を支えた。三成と仲がよく、親友関係だったといわれる。秀吉のすすめにより、娘(竹林院)と信繁を結婚させた。しかし吉継は若い頃にかかった難病が進行し、顔の弱った皮膚を隠すため、白い布で顔をおおうようになった。

三成が家康と戦うことを決意すると、「家康と戦っても勝ち目はない」と伝え、戦いをやめるように説得したが、三成の決意が固いことを知ると、負けを覚悟で味方になった。関ケ原の戦いのときは、病気で歩けなくなっていたため、輿(人が担ぐ乗り物)に乗って軍を指揮した。西軍(石田軍)の小早川秀秋が裏切ることを最初から予想し、その対応策も取っていたというが、秀秋に続いて西軍の武将たちが次つぎと裏切り、吉継軍に猛攻撃をしかけてきた。吉継軍は耐えきれずに総崩れとなり、吉継は「敵に私の首を渡すな」と家臣に命令した後、戦場で自害した。

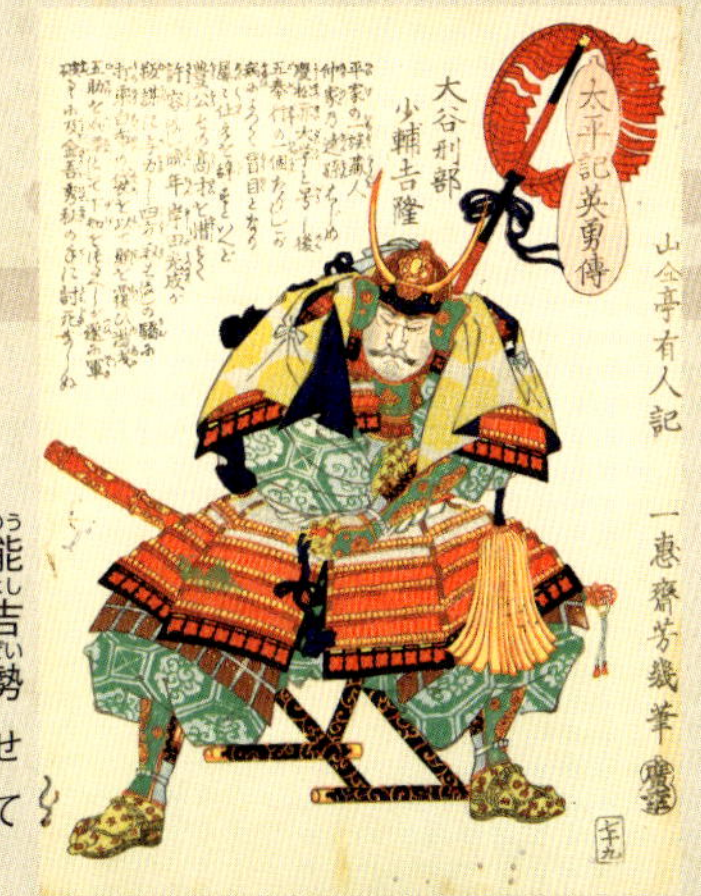

吉継をえがいた絵

秀吉は吉継の才能を高く評価し、「吉継に百万人の軍勢を与えて指揮させてみたい」と語っていたという。

「太平記英勇伝 七十九 大谷刑部少輔吉隆」
東京都立中央図書館特別文庫室所蔵

大谷吉継の娘で、信繁の妻になる

竹林院

竹林院は大谷吉継の娘で、秀吉のすすめにより、信繁と結婚した。竹林院は死後につけられた名前(法号)で、生前の名前はわかっていない。信繁が九度山(和歌山県)に追放された後も一緒に住み、大助(➡P206)をはじめ、5人の子を産んだ。大坂冬の陣がはじまるとき、信繁と一緒に九度山を脱出し、大坂城へ向かった。大坂夏の陣のとき、炎上する大坂城からにげ出し、徳川兵に捕まったが、罪に問われることはなかった。その後、娘・おかねの世話になりながら、亡くなるまで京都で暮らした。

出身地	近江(現在の滋賀県)?
生年月日	1580年頃
死亡年月日	1649年5月18日
享年	70歳?(病死)

ウソ!ホント!?

丈夫な真田紐を発明して売り出した!?

竹林院は、九度山で信繁と暮らしていた時期、生活費をおぎなうため、真田紐と呼ばれる平らな紐(甲冑を着るときなどに使う丈夫な紐)を発明し、家臣たちに売りに行かせていたそうだ。

信繁と竹林院

竹林院は、信繁が追放された九度山に向かい、一緒に暮らした。

小松姫

本多忠勝の娘で、信幸の妻になる

小松姫（稲姫）は、家康の重臣・本多忠勝の娘。家康は家臣となった信幸の才能を高く評価し、小松姫を養女（養子にした女性）にした後、信幸と結婚させた。小松姫は勇気があり、武芸に秀でていたといわれ、第二次上田合戦の前、西軍についた昌幸が沼田城（群馬県）をうばいに来たとき、長刀を振りかざして昌幸を追い返した。

夫婦仲がよく、長男の信吉と、次男の信政を産み育て、真田家を守るために尽くした。48歳で病死したとき、信幸は「我が家から光が消えた」と言って、小松姫の死を悲しんだという。

出身地	三河（現在の愛知県）？
生年月日	1573年（誕生日は不明）
死亡年月日	1620年2月24日
享年	48歳（病死）

信幸・小松姫像
沼田城（群馬県）に立つ像。ふたりは死ぬまで仲がよかった。

昌幸を追い返す小松姫
「犬伏の別れ」で敵になった昌幸が、沼田城にやってきたとき、小松姫は長刀をふりかざして追い返した。

戦国おもしろコラム

大判は土地の代わりだった!?

手柄のあった家臣に秀吉がほうびとして与えた

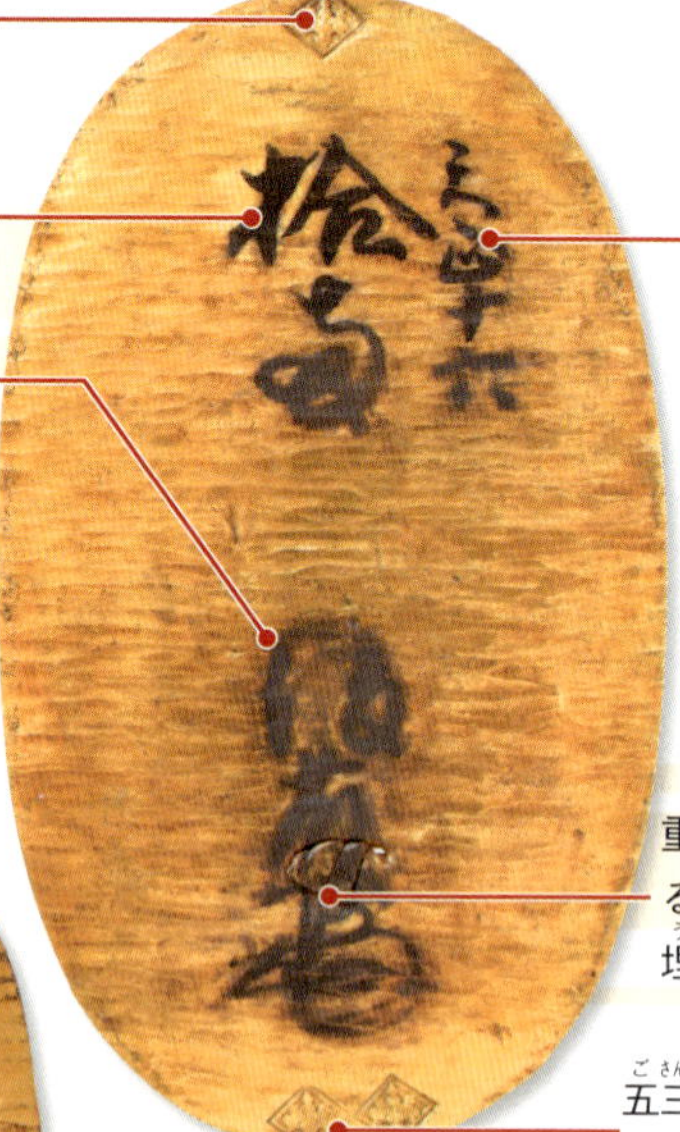

豊臣家の家紋「五三桐」を菱形の枠で囲んだ極印（刻印）。

重さが「拾両」（約165g）であることを示す。

大判の製造者「後藤」の名と、花押（サイン）。

製造された年「天正十六」（1588年）。

重さを調節するため、金を埋めた跡。

五三桐紋の極印が2つある。

天正大判（天正菱大判）

秀吉が後藤家につくらせた日本最古の大判。現在、世界で6枚しか残っていないといわれ、オークションでは1億円以上の値がついた。

表面の極印は上下左右4か所あり、天正大判から引き継いだ五三桐紋を丸で囲んでいる。

慶長大判

家康が後藤家につくらせた大判。表面には天正大判と同じく、「拾両後藤」の文字と花押が書かれている。

日本銀行貨幣博物館所蔵

「天正大判」は、秀吉が1588（天正16）年からつくらせた日本最初の大判である。天正大判は、貨幣として流通させるものではなく、秀吉が家臣にほうびとして与えるものだった。大判の製造は、金細工が得意な後藤家に任せた。

秀吉は、倒した敵の土地を、手柄を立てた家臣に分け与えていたが、天下統一が迫ると、ほうびとして与えられる土地は、少なくなった。そこで、土地の代わりとして、天正大判を与えるようになったという。

家康がつくった「慶長大判」も、家臣にほうびとして与えるために、後藤家につくらせたものである。

3章 大坂冬の陣

1614年、徳川家康は豊臣家をほろぼすことを決意し、全国の大名に大坂城を攻めるように命じた。
大坂城
わしの目の黒いうちに豊臣をつぶしておかねば！

これに対して、豊臣家に味方する武将たちは続ぞくと大坂城に集まった。
真田大助
いよいよですね父上！
あぁ
豊臣に恩を返すときが…
これはこれは！

その六連銭の家紋、徳川を破った真田殿とお見受けする！
後藤又兵衛
真田信繁と申します
こちらは息子の大助です
…おや？真田昌幸殿は…？
父は三年前に亡くなりました
そうでしたか…さぞかしご無念…
いえ

父の魂と真田の誇りは今も心の中に！

真田の戦、ぜひご覧に入れましょう！
それはなんとも頼もしい限りです！

大坂城では、有力な武将たちを集めて作戦会議が開かれた。

太閤殿下が築いた大坂城は、難攻不落！
城に立てこもって戦う以外にありません！
淀殿

お待ちください！
籠城は味方の援軍が期待できるときの策です
援軍もないのに籠城すれば兵糧や矢玉が尽きてしまいます

ここは打って出て伏見や京都を押さえるべきです！
そんなことはならぬ！

秀頼を危険にさらす気か！
いいから守りを固めて籠城じゃ！
…
豊臣秀頼

つまり我らは盾でしかないと…
口がさけてもいえんわい
——では…
平野口？
さっ
ばっ
はい！
城の南の平野口を私にお任せください！
周囲を川と堀で囲まれた大坂城ですが…
ドッ!!
唯一、南は平地になっており、敵は必ずこちらから攻めて来るはずです！
大坂城の守りを万全とするため、城の南に出城を築きたいのです！
うむ……より強固な守りとなるのか……
よし、わかった！信繁よ、平野口はそなたに任すぞ！
ははっ!!

信繁はさっそく、平野口に出城を築きはじめた。
どんな出城にするのですか？
あーしてこーして…
サラサラ
まずは堀をめぐらせて土塀を築き、そこへ…よし、さっそく工事だ！

急ぎ、進めよ！敵は待ってはくれぬぞ！

こうして完成した出城に、信繁は約6000人の兵を率いて立てこもった。

ずらっ
ち、父上！
徳川軍に完全に包囲されています！

こ、この大軍相手に守りきれるでしょうか…
ガクブル
守る？

この「真田丸」は
守りの城ではないぞ
えっ!?

大坂城の弱点だ…
当然、家康も
知っている
平野口に多くの兵を
集めるだろう…

つまりここは
「大勢の敵が
攻めて来る場所」
ということだ!

来るとわかって
いれば――
攻めも守りも
用意は容易い!

真田丸正面――
あの軍旗…
やはりあの出城には真田がいるようだな
家康様が慎重になるのも無理はないか…
前田利常

なんだぁ？前田の兵はおくびょうだな！
よほど我らが恐いとみえる！

ちくしょう…言わせておけば！
耐えろ！挑発に乗るな！

家康様には勝手に攻めるなと命じられて――

うおおお!!
我慢できーん!
出城をつぶせ!
ま、待て〜!

前田隊の突撃を見たほかの部隊の兵たちは——
前田の兵が攻めていくぞ!
うぉ〜っ

信繁様っ! 敵が攻めて来ます!
わ—
よし! 鉄砲隊は構えろ! ただし——

手柄を取られてなるものか!
我らも出るぞ! 遅れるな!
わああああ

まだ、うつな!

まだだ
ああああぁああ
もっと引き寄せるんだ…！
今だ！
うてぇ!!

ゴロ
うわ
ゴロ
ぎゃア
ゴロ
むう……やはり罠だったか！
今度は何だ!?
うおおおおおおおお

そらぁ！後ろががら空きだぞ!!
ドン!

大助の率いる別働隊は真田丸から出撃して徳川軍に突撃した。
この「真田丸の戦い」で徳川兵の戦死者は1万人に及んだという。
わああああわー
わあぁ

なんだと！いつの間にっ!!

真田の出城を攻めた前田ら数隊が大敗！
ぐぬッ……
勝手に攻めるなとあれほど言うたのにっ！

信繁め……やつがいる限り大坂城は落とせぬ！
かくなるうえは……

家康は信繁を徳川方に寝返らせようと企んだ。
大坂城

徳川の家臣になっていた信繁のおじを説得に向かわせたが——

徳川の家臣になれば十万石を与える？
いくら出されても大恩ある豊臣を裏切るつもりはありません！

——と…
断っただと⁉
十万石では足りぬというのか……
ならば信濃一国ではどうじゃ⁉

むす。
おじ上、どうかお引き取りを…
カサ
カサ
な…これでも不満なのか!?
私が不満に思うのは――

見えすいたうそを平気で並べ立てる…
信用のかけらもない徳川の大将です！
お引き取りを…
せ、説得は失敗に…！
…もうよい！
大坂城に大砲をあるだけうちこめ!!

家康は大量の大砲を用意し、大坂城めがけてうち続けた。
ドォン
ドォン

グラ
グラ
い、いかん！これでは大坂城がこわれてしまう……！
母上、弾はほとんど城まで届いておりません！

無理じゃ！これ以上の戦いはやめじゃ！
和睦じゃ！和睦せよ！

こうして両軍は戦いを中止し、和睦に向けての話し合いがおこなわれた。

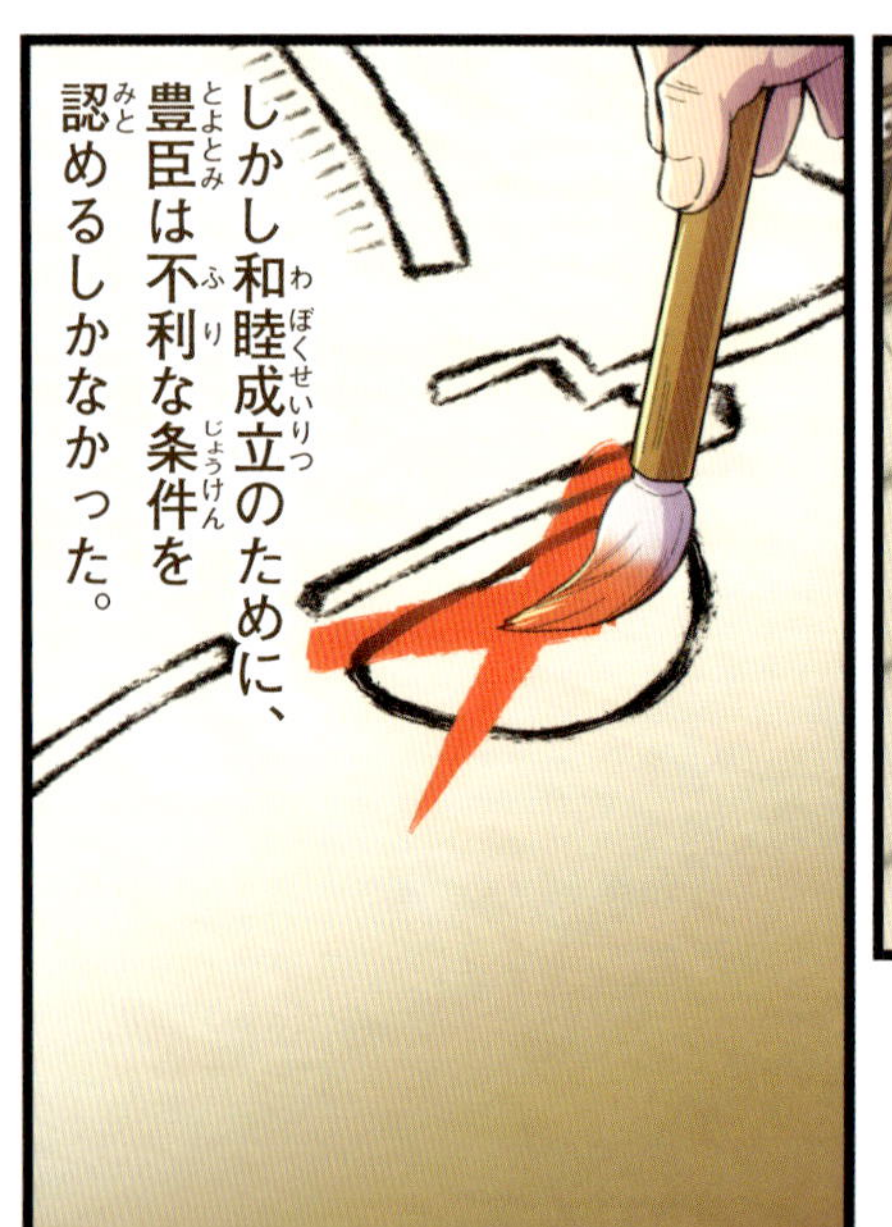
しかし和睦成立のために、豊臣は不利な条件を認めるしかなかった。

二の丸、三の丸が破壊され…
さらに堀まで埋められたか…
これでは城として役に立ちませんなぁ
真田丸もこわされてしまいました……
次に徳川に攻められでもしたら…
やつは必ず攻めて来るさ
だが、向かって来るとわかっているなら…
ニッ
全力で立ち向かうまで！
徳川の目的は豊臣をほろぼすこと
これを好機と思っているはずだ
また真田の戦を食らわせてやる！

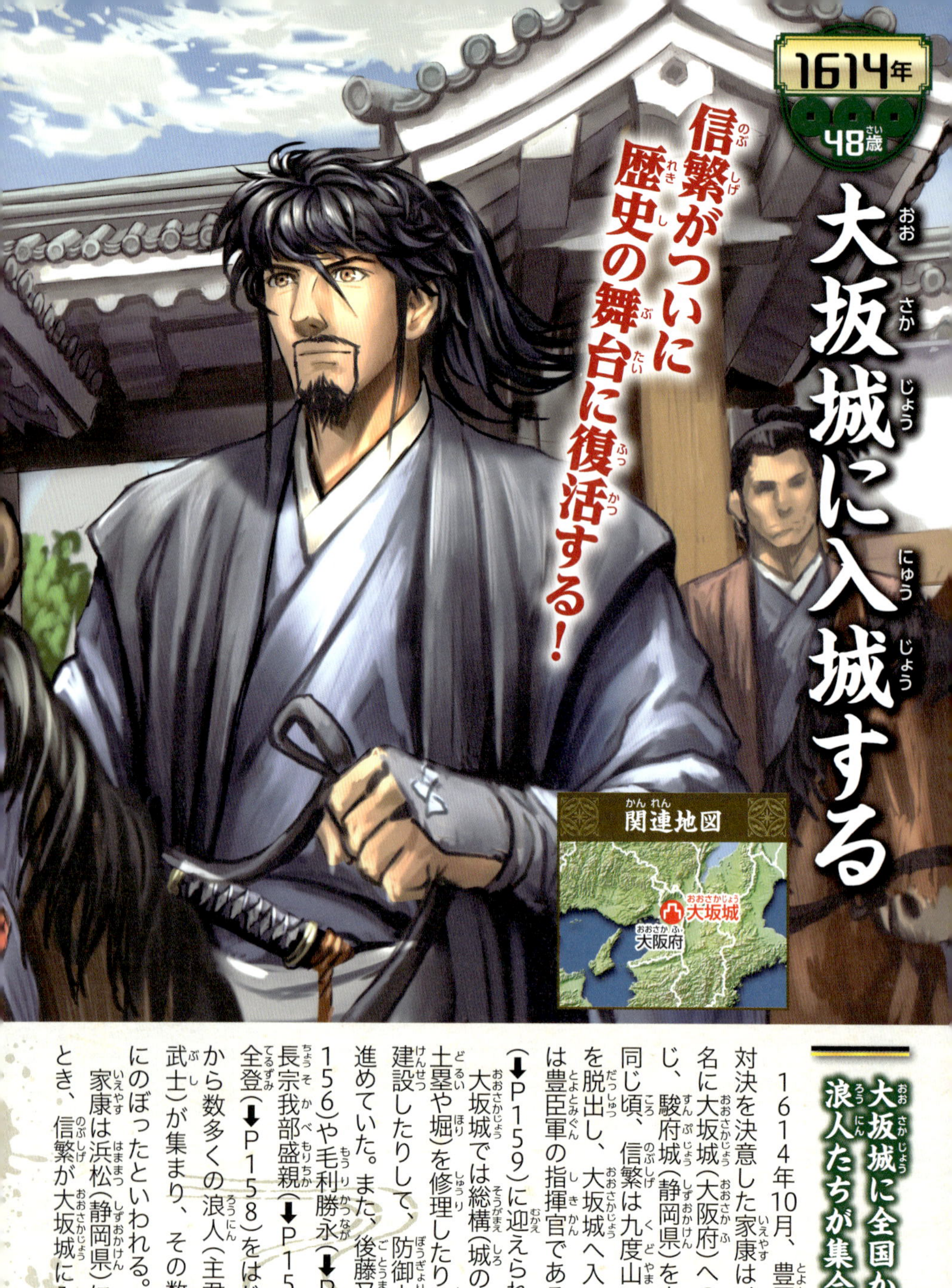

1614年
48歳
信繁がついに歴史の舞台に復活する!
大坂城に入城する
関連地図
大坂城
大阪府

大坂城に全国から浪人たちが集合する

1614年10月、豊臣秀頼との対決を決意した家康は、全国の大名に大坂城（大阪府）への出撃を命じ、駿府城（静岡県）を出発した。同じ頃、信繁は九度山（和歌山県）を脱出し、大坂城へ入った。信繁は豊臣軍の指揮官である大野治長（➡P159）に迎えられた。

大坂城では総構（城の一番外側の土塁や堀）を修理したり砦を新しく建設したりして、防御力の強化を進めていた。また、後藤又兵衛（➡P156）や毛利勝永（➡P157）、長宗我部盛親（➡P158）、明石全登（➡P158）をはじめ、全国から数多くの浪人（主君のいない武士）が集まり、その数は10万人にのぼったといわれる。

家康は浜松（静岡県）に到着したとき、信繁が大坂城に入ったこと

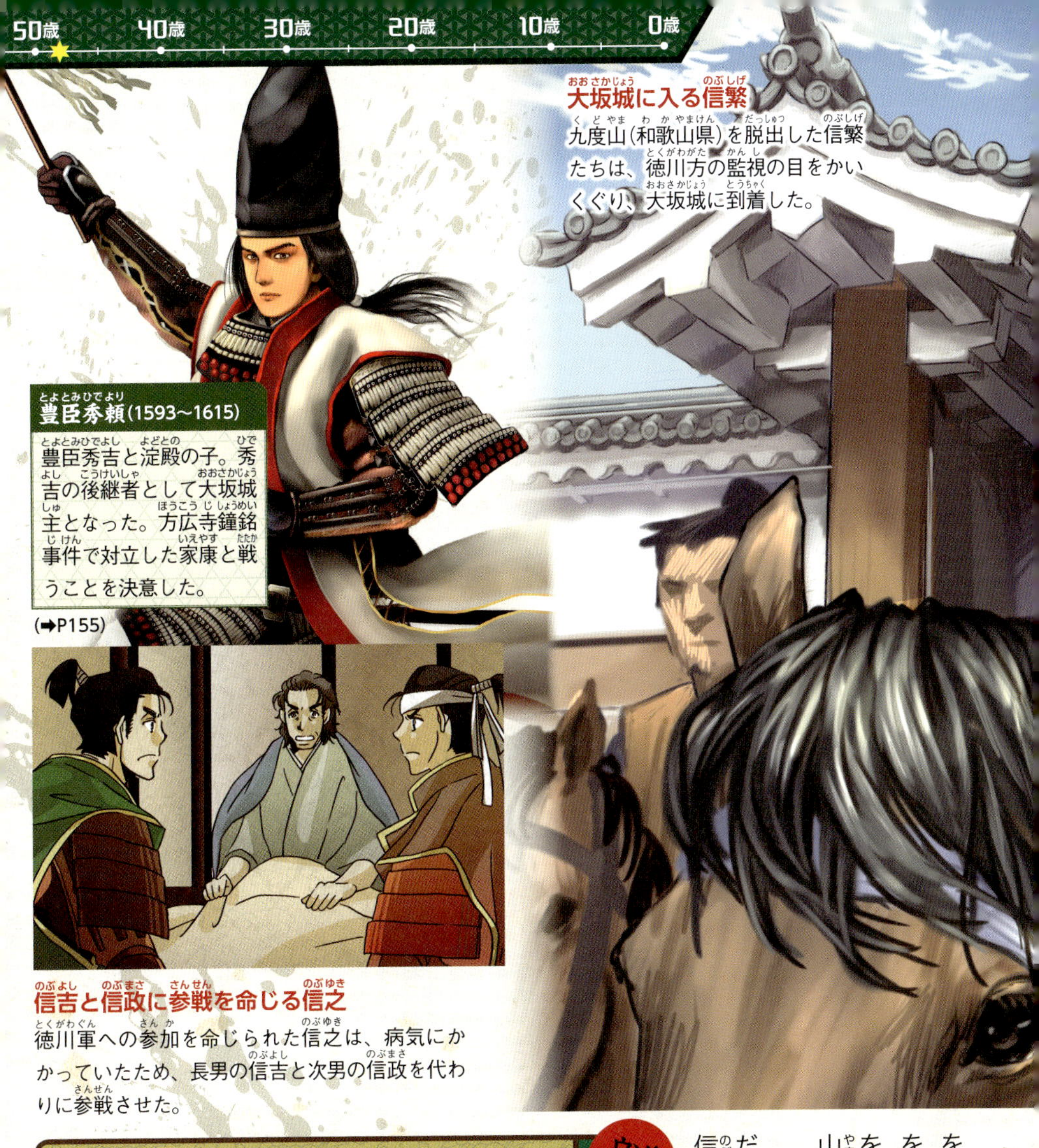

大坂城に入る信繁

九度山（和歌山県）を脱出した信繁たちは、徳川方の監視の目をかいくぐり、大坂城に到着した。

豊臣秀頼（1593～1615）

豊臣秀吉と淀殿の子。秀吉の後継者として大坂城主となった。方広寺鐘銘事件で対立した家康と戦うことを決意した。

（➡P155）

信吉と信政に参戦を命じる信之

徳川軍への参加を命じられた信之は、病気にかかっていたため、長男の信吉と次男の信政を代わりに参戦させた。

を知り、おどろいたという。大軍を率いて京都に入った家康は奈良を通って、大坂城の南にある茶臼山に本陣を構えた。

　このとき信繁の兄・信之は病気だったため、長男の信吉と次男の信政を代わりに出陣させた。

ウソ!ホント!?

家康は昌幸のことを恐れていた!?

家臣から「真田が大坂城に入った」と報告された家康は、「真田というのは親か？　子か？」と、手をふるわせながらたずねたという。家臣が「入城したのは子の信繁で、父の昌幸はすでに病死している」と伝えると、家康は安心したそうだ。

豊臣時代の大坂城（想像図）
1583年、秀吉が石山本願寺跡に建設を開始した巨大な城。2年後に本丸や天守などが完成した。

豪華な天守をもつ最強の巨大な城

大坂城は、秀吉が天下統一の拠点にするため、1583年から築きはじめた城である。城の設計を任されたのは、秀吉に仕えた天才軍師・黒田官兵衛だった。

工事開始から2年後、本丸や天守が完成した。その後、約8㎞にもおよぶ総構（城の一番外側の土塁や堀）が設けられ、周囲を川や湿地帯に囲まれた大坂城は強力な防御力をもつ巨大な城となった。天守は、五層八階の巨大なもので、壁には黒い板が張られ、黄金で飾られていた。

ビジュアル資料 「大坂夏の陣図屏風」の大坂城の天守

豊臣時代の大坂城天守の壁は黒かったことがわかる。

ちなみに、現在の大阪城の天守は、1931年に再建されたもので、秀吉が建てた天守とは位置や形などがちがっている。

ウソ！ホント!? 信繁は大坂城にくわしかった!?

信繁は、大坂城の天守が完成した2年後に人質として秀吉に差し出された。信繁は大坂城で多くの時間を過ごし、秀吉から城に関する情報を教えてもらった可能性もある。信繁が秀頼に信頼されたのは、大坂城にくわしかったことも影響しているといわれる。

真田丸を築く

籠城作戦に決まった後 出城の建設を開始する

徳川軍が大坂に迫る中、大坂城では信繁などの有力浪人を集めて作戦会議が開かれた。このとき信繁は、京都を占領し、宇治(京都府)や瀬田(滋賀県)に進出し、徳川軍を迎えうつべきだと主張した。そして籠城(城に立てこもって敵と戦う作戦)は城外に援軍がいる場合の作戦で、援軍がいなければ、食料や矢、弾丸などが尽きるか、城内から裏切り者が出るか、どちらかしかないとして反対した。しかし、大野治長らの反対により、豊臣軍の作戦は籠城と決まった。秀頼の母・淀殿(➡P155)も籠城に賛成だったという。

そこで信繁は、大坂城は南側が唯一の弱点であると指摘し、総構の南に出城を築きたいと申し出た。大坂城は北に天満川、東に平

信繁は大坂城の唯一の弱点に出城を築く！

出城の建設を指揮する信繁

信繁は、大坂城の総構（城の一番外側の土塁や堀）の外側に、出城（本拠地の城を守る小さな城）を築いた。この出城は「真田丸」と呼ばれた。

野川・大和川が流れ、西は大坂湾だったが、南は平地だったので、徳川軍の攻撃が集中すると考えられた。出城建設を認められた信繁は、急いで工事を開始し、わずか1か月程度で出城「真田丸（➡P142）」を完成させた。

ウソ！ホント!?

出城を築いたのは後藤又兵衛だった!?

出城をつくったのは、後藤又兵衛という説がある。作戦変更により、又兵衛は野外で戦うことになったため、信繁が出城を引き継いだという。このほか、又兵衛がつくっていた出城を、信繁が勝手につくり変えたという説もある。

籠城に反対する信繁

作戦会議で信繁は、積極的に攻撃する案を提案した。籠城すれば、食料や矢、弾丸などが尽き、降伏に追いこまれると主張した。

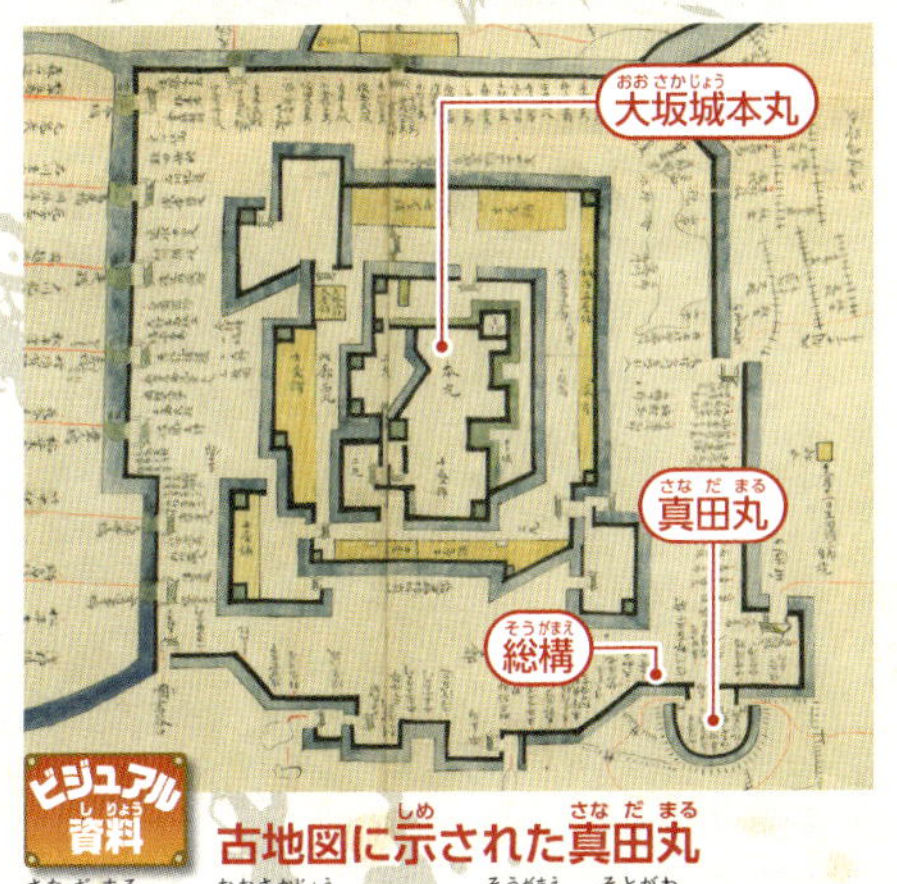

ビジュアル資料　古地図に示された真田丸

真田丸は、大坂城の南東の総構の外側に位置していた。

真田の城 ③

真田丸

真田丸は、徳川軍の攻撃を一手に引き受けるため、信繁が築いた出城である。大軍を迎えうつため、さまざまな工夫がされていた。

水堀
徳川軍が横に動くことを防ぐために設けられた。
柵列
徳川軍の進路をふさぐためのもの。
築山
真田丸からの銃撃を防ぐため、徳川軍が築いた人工の山。

真田丸の想像図
真田丸のくわしい形はわかっていないが、大坂城の総構の外側に築かれ、周囲を堀で囲んでいたと考えられている。

城の位置

真田丸
大阪府

防御力と攻撃力の両方を備えた砦

真田丸は、信繁が大坂城の総構の南側、平野口の外側に築いた出城（本拠地の城を守る小さな城）である。

真田丸は、大坂冬の陣で最も激しい「真田丸の戦い（➡Ｐ１４４）」がおこなわれた場所であるが、資料が少なく、くわしいことは不明である。諸説あるが、真田丸は南北約２２０ｍ、東西約１４０ｍの半円形で、周囲は塀で囲まれ、堀が築かれていたとされる。堀の大部分は空堀（水が張られてない堀）だったが、南側には徳川軍を自由に横に動けなくするため、水堀が設けられていたという。真田丸の外側には、徳川軍の進路をふさぐための柵列が設けられていた。

真田丸の塀の数か所には、敵を見張ったり攻撃したりするための

櫓が建てられ、櫓と櫓の間は通路でつながり、すばやく移動できるようになっていた。

真田丸は大坂城と連絡通路でつながっていたが、真田丸の背後にある総構の堀の幅は、約１００mあったといわれ、孤立に近い状態だったと考えられる。

なるほどエピソード

真田丸の形は今も謎のまま!?

真田丸の形に関する資料は少ない。残っている資料でも、真田丸の形は半円形や四角形、三日月型など、さまざまな形にえがかれているため、本当の形は今も謎になっている。

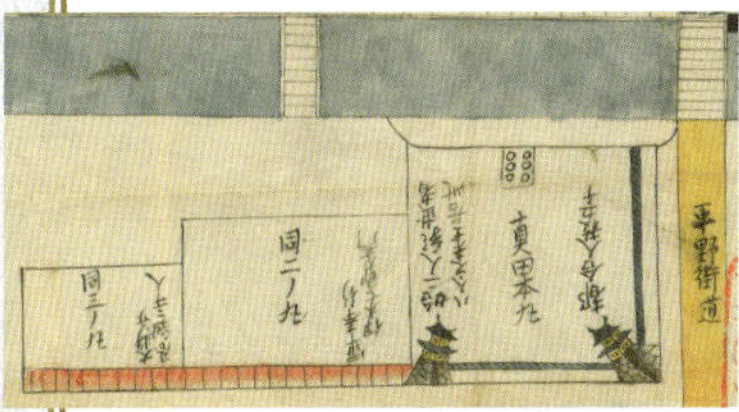

四角形にえがかれた真田丸。

1614年
48歳

真田丸の戦い（大坂冬の陣）

勝　戦力　約6000人
真田信繁
豊臣軍
VS
徳川軍
前田利常
井伊直孝
松平忠直
負　戦力　約2万6000人

挑発された徳川兵が真田丸に突撃する

家康は、大坂城を約20万人の大軍で完全に包囲したが、大坂城の守りは固いと判断し、軽がるしく攻めることを禁止した。そして*仕寄せや築山（敵の銃撃を防ぐための人工の山）を築いて、注意深く城を攻めるように命令した。

信繁は、約6000人を率いて真田丸に入った。徳川軍の前田利常隊は、真田丸の前方に布陣し、仕寄せや築山を築いていたが、信繁が送りこんだ鉄砲隊による攻撃で、大きな被害が出ていた。前田隊は鉄砲隊を攻撃するために出撃

*浅い堀や土塁を築き、前方を盾や竹束などで防いだ簡単な基地。

信繁は徳川兵を真田丸に引き寄せる！

徳川軍への攻撃を命じる信繁
信繁は徳川兵が真田丸に間近に迫ったとき、攻撃を命じた。

ビジュアル資料 **真田丸を攻撃する徳川軍**
徳川軍の前田利常隊・井伊直孝隊・松平忠直隊の兵たちは、防御用の盾や竹束をもたずに、真田丸に突撃した。

したが、鉄砲隊はすでに真田丸に引き上げていた。真田丸の兵たちは「退屈しているなら真田丸を攻めてみよ」と前田隊を挑発した。怒った前田隊の兵たちは、利常の許しも得ずに、真田丸への突撃を開始した。前田隊の近くにいた井伊直孝隊や松平忠直隊も、自分たちも手柄を上げたいと考え、真田丸に突入した。信繁は徳川兵を真田丸へ十分に引き寄せた後、攻撃を命じた。

徳川軍を引き寄せる信繁
信繁は、徳川軍を十分に引き寄せるまで攻撃をしかけなかった。

信繁は徳川軍に銃弾の雨を降らせる!

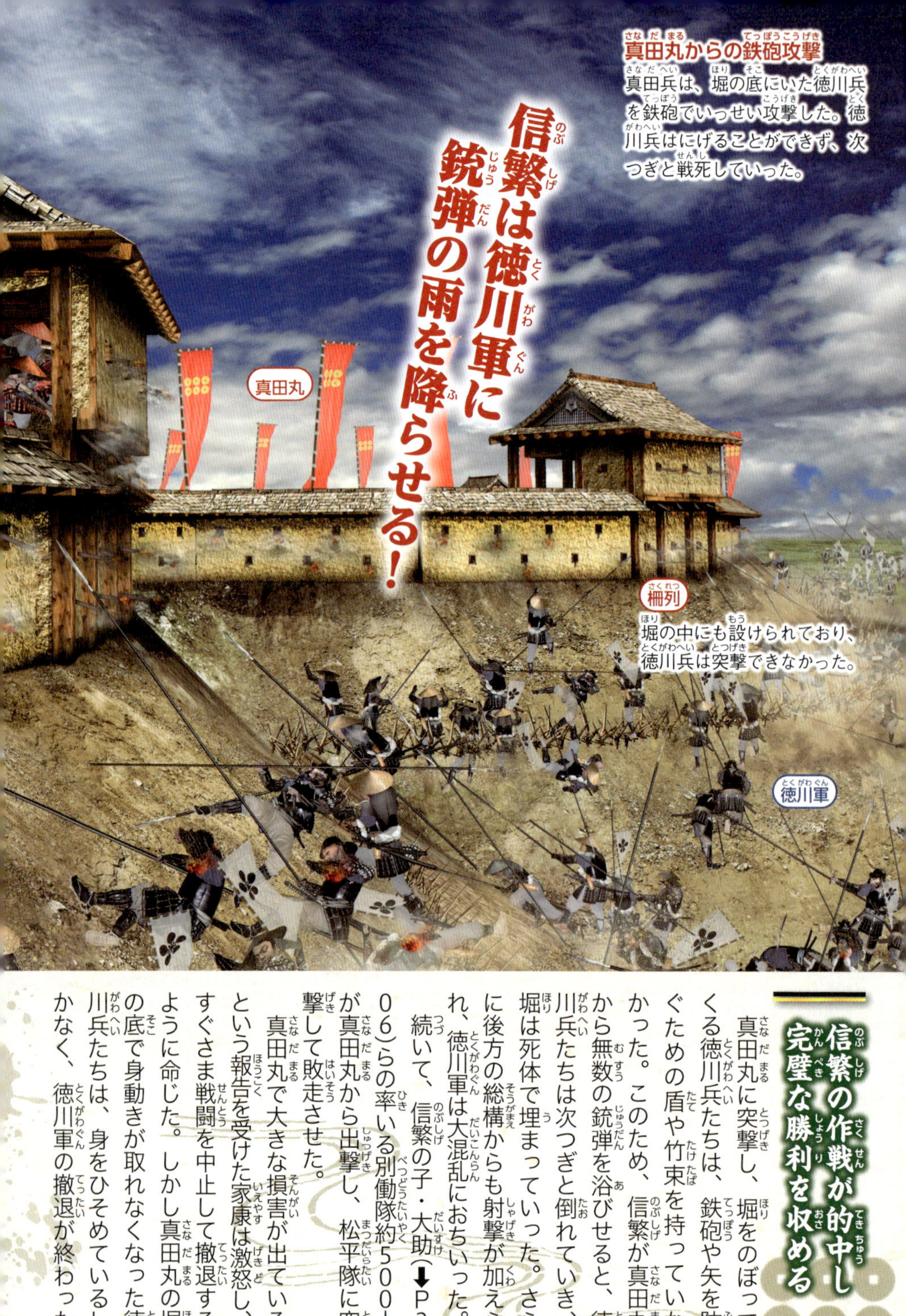

真田丸からの鉄砲攻撃
真田兵は、堀の底にいた徳川兵を鉄砲でいっせい攻撃した。徳川兵はにげることができず、次つぎと戦死していった。
真田丸
柵列
堀の中にも設けられており、徳川兵は突撃できなかった。
徳川軍

信繁の作戦が的中し完璧な勝利を収める

真田丸に突撃し、堀をのぼってくる徳川兵たちは、鉄砲や矢を防ぐための盾や竹束を持っていなかった。このため、信繁が真田丸から無数の銃弾を浴びせると、徳川兵たちは次つぎと倒れていき、堀は死体で埋まっていった。さらに後方の総構からも射撃が加えられ、徳川軍は大混乱におちいった。

続いて、信繁の子・大助(⬇P206)らの率いる別働隊約500人が真田丸から出撃し、松平隊に突撃して敗走させた。

真田丸で大きな損害が出ているという報告を受けた家康は激怒し、すぐさま戦闘を中止して撤退するように命じた。しかし真田丸の堀の底で身動きが取れなくなった徳川兵たちは、身をひそめているしかなく、徳川軍の撤退が終わった

撤退を命じる家康
真田丸で徳川軍が大損害を受けていることを知った家康は、すぐに撤退するように命じた。

真田山公園
真田丸の場所は諸説あるが、大阪市天王寺区にある真田山公園あたりにあったと考えられている。

真田丸の内部
鉄砲狭間（鉄砲をうつために城壁などに開けた穴）が上下2段に設けてあり、激しい攻撃を加えることができた。

のは、午後8時頃だったという。
この「真田丸の戦い」における徳川兵の戦死者は1万人以上にのぼったといわれるが、真田隊の被害はほとんどなかった。この勝利で信繁の名は天下にとどろいた。

なるほどエピソード

豊臣家と戦いたくなかった大名もいた!?

大坂冬の陣で、家康の命令により徳川軍に参加した大名の中には、豊臣家に恩がある大名もいて、戦いに乗り気ではなかったそうだ。伊達政宗は、伊達軍の兵がなるべく損害を受けないよう、積極的には戦わなかったという。

大坂城に向かう政宗。

戦国の歴史

1614年

大坂冬の陣

徳川軍による大砲攻撃

兵を突撃させても大坂城を落とせないと考えた家康は、城の北側にある備前島に大砲を並べ、1日中砲撃した。

合戦分析データ

豊臣軍 | 戦力 | 作戦 | 運 | 徳川軍

分　戦力　約20万人

徳川家康

徳川軍

VS

豊臣軍

豊臣秀頼

分　戦力　約10万人

戦いに疲れきった両軍が和解する

真田丸での敗北後も、家康は大坂城を大軍で包囲し続けたが、兵を突撃させる攻撃では、落城させられないと考えた。そのため大坂城の北側にある備前島に約100門の大砲を設置し、1日中砲撃させた。大砲の中には、イギリスから輸入した最新式のカルバリン砲もあった。砲弾のほとんどは城内に届かなかったが、本丸や天守に届く砲弾もあり、そのうちのひとつが淀殿の住居の近くに落ち、侍女(世話役の女性)が7、8人死亡した。これに恐怖した淀殿が家康

家康は大砲で大坂城を攻撃する！

との和解を求めたとされるが、豊臣軍は弾薬や食料が底を尽き、徳川軍も食料不足に加え、冬の寒さのため、兵は疲れきっていた。戦いを続けるのが難しくなった両軍は、和解の交渉をはじめた。

　その結果、秀頼の身の安全を保証することや、浪人たちの罪を問わないことの代わりに、大坂城の総構の堀を埋めることや、二の丸・三の丸を破壊して堀を埋めることなどが決められた。

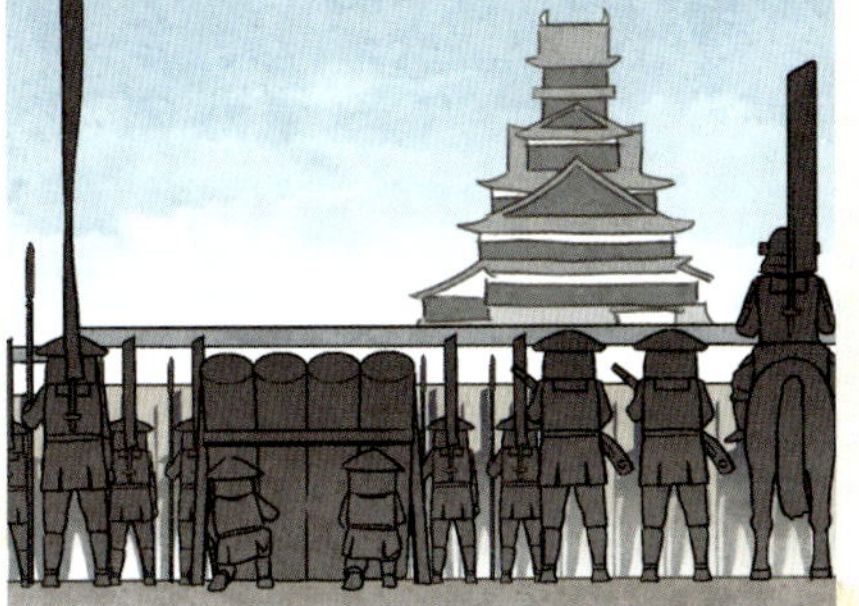

大坂城を包囲する徳川軍

家康は約20万人の徳川軍に大坂城を包囲させたが、落城させられなかった。

二の丸・三の丸の堀を許可なく埋め立てる

両軍の和解は成立したが、大坂城内の浪人たちは、和解に反対だったという。信繁は、家康が油断しているすきをねらって、夜襲をしかけようとしたが、警備が厳重だったのであきらめたそうだ。

和解の約束どおり、家康は総構の堀の埋め立てを開始した。工事を担当したのは、大坂城を包囲した大名たちで、包囲を担当した区域が、そのまま埋め立てを担当する区域になった。大名たちは、自分の領地に早く帰りたかったので、工事を急いだという。

二の丸堀・三の丸堀の埋め立ては、豊臣方が担当する約束だった。豊臣方は時間をかけて堀を埋めるつもりだったというが、徳川方は総構の堀を埋めた勢いで、豊臣方の許可なく、二の丸・三の丸

大坂城は堀を埋められ防御力を失う!

二の丸・三の丸を破壊される大坂城
豊臣家と和解した家康は、大坂城の総構の堀を埋めた後、二の丸と三の丸の櫓や屋敷を破壊し、堀を埋めた。

破壊される真田丸
豊臣軍と徳川軍の和解後、真田丸は完全に破壊され、埋められた。

三の丸の石垣跡
和解後に埋められた三の丸の石垣が、1989年に地下から発掘され、現在、別の場所に移されて復元されている(大阪府)。

を破壊し、堀を埋め立てた。これにより、大坂城の防御力は完全に失われてしまった。これこそが、家康の本当のねらいであった。和解が長く続かないことは、信繁も感じていたという。

ウソ!ホント!?

浪人たちに大坂城から出てもらいたかった!?

豊臣家は和解のとき、二の丸堀・三の丸堀を埋めることを認め、城の防御力を失わせた。これは、和解の成立後も浪人たちが城に居座ると困るので、浪人たちに「この城に残ると危ない」と思わせ、城を出たくなるように仕向けたという説がある。

大坂冬の陣後に信繁は何をしていた？

家康と秀頼が和解した後、
信繁はどう行動したのだろう？

超ビジュアル！
真田新聞
第5号
発行所：
デイリー大坂

信之の子どもたちに久びさに会った!?

和解成立後、信繁は、徳川軍に参加していた信之の長男・信吉の陣を訪れた。立派に成長した信吉を見た信繁は、「これで真田家は安心」と言ったという。

姉の村松殿に手紙を送った!?

信繁は、上田にいる姉の村松殿を安心させようとして手紙を送り、「私は死なずにすみました。明日になれば状況は変わるかもしれませんが、今のところは何事もありません」と伝えた。

長女・すえの将来を心配していた!?

信繁は上田に残している長女・すえの夫・石合十蔵に手紙を送り、「私が徳川に敵対したため、あなたは苦労することになるかもしれませんが、どうか、すえを見捨てないでください」と伝えた。

大野治長氏に 特別インタビュー

質問 信繁は大坂城で何をしていましたか?

徳川と和解した後も、浪人たちは大坂城から出ず、「自分たちを召し抱えよ。それができないなら徳川と再び戦う」と主張している。私は豊臣を守るために、徳川と戦いたくない。信繁殿は、浪人たちの暴発を抑えるために、いろいろと努力をしてくれているよ…

豊臣軍の指導者・大野治長氏

信繁は気苦労が多かった!?

1614年3月、信繁は姉の夫に手紙を送り、「私は秀頼様から信頼されていますが、気苦労が多いです。一日先のことはわかりません。私のことは死んだと思ってください」と伝えた。信繁は、豊臣軍の内部の対立を抑えるために苦労していたようだ。

信繁の親心!

和解後、信繁は大助とともに徳川軍にいた友人を訪ねた。

お久しぶりです

すごい活躍でしたね!

原隼人佐

和解は一時のもので、まもなく戦いになるでしょう

そうかもしれませんな…

私は戦死するでしょう

それはいいのです

えっ!?

しかし、息子の大助が15歳で戦死するのは、かわいそうで…

父上!

武士はつらいですな…

ううっ

家康は豊臣と戦いたくなかった!?

家康は、豊臣方との対立が激しくなった後も、最後まで戦いをさけようとし、「徳川と戦うつもりがないなら、別の城に移ればよい。その間に大坂城を修理し、七年後に帰るとよい」と提案したそうだ。しかし浪人たちは「家康は信用できない」と拒否し、再び両者は戦うことになった。

人物図鑑

真田昌幸・信繁父子に苦しめられた天下人

徳川家康

出身地	三河（現在の愛知県）
生年月日	1542年12月26日
死亡年月日	1616年4月17日
享年	75歳（病死）

肖像

徳川家康は41歳のとき、信長と一緒に武田家をほろぼした。その直後、信長が死んだため、武田家の領地をめぐって、関東の北条家や、越後（現在の新潟県）の上杉家と争った。しかし北条家と和解し、配下にしていた昌幸に対し、沼田城（群馬県）を北条家にゆずるように命じた。昌幸がこれを無視したため、家康は大軍を昌幸の上田城（長野県）に差し向けたが、大敗した。

関ケ原の戦いの前には、息子の秀忠に上田城攻撃を命じたが、再び昌幸に敗れた。関ケ原で勝利した家康は、昌幸と信繁を死罪にしようとしたが、信之の必死の説得により取りやめた。

62歳で江戸幕府を開き、天下を治めはじめた。73歳のとき、豊臣秀頼と対立し、大坂冬の陣を起こすが、信繁の真田丸で大打撃を受けた。翌年の大坂夏の陣では、信繁の突撃により、切腹を覚悟するほど追いつめられたが、最終的には勝利して豊臣家をほろぼした。その翌年、75歳で病死した。

信繁から隠れる家康

大坂夏の陣で、信繁に追われて身を隠す家康。実際の場面ではないが、家康は切腹を覚悟するほど追いつめられた。

豊臣秀頼

とよとみひでより

信繁を信頼した秀吉の子

豊臣秀頼は、秀吉と淀殿との間に生まれた。秀吉の死後、わずか6歳で豊臣家を継いだが、政治の実権は家康に握られ、70万石の大名になった。22歳のとき家康と対立し、信繁などを味方につけて徳川軍と戦った(大坂冬の陣)。このときは引き分けて和解したが、翌年の大坂夏の陣に敗れ、淀殿と一緒に自害した。

秀頼自害の地

大坂城が炎上した翌日、秀頼は淀殿と一緒に城内の山里曲輪で自害した。

出身地	大坂(現在の大阪市)
生年月日	1593年8月3日
死亡年月日	1615年5月8日
享年	23歳(自害)

肖像

淀殿(茶々)

よどどの(ちゃちゃ)

大砲を恐れて和解を申し出る

淀殿は、お市の方(信長の妹)と、浅井長政との間に生まれた。20歳頃、52歳の秀吉の妻になり、25歳頃、秀頼を産んだ。秀吉の死後、豊臣家の実権をにぎり、家康と対立して秀頼とともに大坂冬の陣を起こした。しかし徳川軍の大砲におびえて、和解を申し入れたという。翌年の大坂夏の陣に敗れ、自害した。

出身地	近江(現在の滋賀県)
生年月日	1569年頃
死亡年月日	1615年5月8日
享年	47歳?(自害)

肖像

「伝淀殿画像」奈良県立美術館所蔵

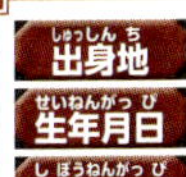

後藤又兵衛

ごとうまたべえ

道明寺の戦いで戦死した勇かんな武将

大阪城天守閣所蔵

又兵衛の甲冑

兜には熊の毛が植えられ、前側には獅子(ライオン)の頭が飾られている。胴には龍がえがかれている。

出身地	播磨(現在の兵庫県)
生年月日	1560年(誕生日は不明)
死亡年月日	1615年5月6日
享年	56歳(戦死)

肖像

後藤又兵衛は播磨(現在の兵庫県)出身で、幼い頃、秀吉の参謀・黒田官兵衛に育てられた。成長した又兵衛は黒田家の家臣となり、秀吉の九州攻めや文禄・慶長の役で活躍し、関ケ原の戦いでは大きな手柄を立てた。このため1万6000石の領地を与えられたが、黒田家を継いだ黒田長政(官兵衛の子)と意見が合わず、黒田家を飛び出して浪人(主君のいない武士)になった。その後、又兵衛は播磨の池田家に招かれたが、長政が池田家に「又兵衛を追放せよ」と何度も要求したため、又兵衛は追放され、再び浪人になった。

1614年、家康と豊臣家の対立が激しくなると、又兵衛は秀頼から大坂城に招かれ、大坂冬の陣では、豊臣軍の主力として活躍した。大坂夏の陣では、約3000人を率いて道明寺(大阪府)に向かい、約3万5000人の徳川軍の別働隊を苦しめたが、伊達政宗の鉄砲隊にうたれて戦死した。

信繁に負けない活躍をした武将

毛利勝永

もうりかつなが

出身地	尾張（現在の愛知県）
生年月日	1578年（誕生日は不明）
死亡年月日	1615年5月8日
享年	38歳（自害）

毛利勝永は、秀吉に仕えた武将・毛利勝信の子で、父と同じく若い頃から秀吉に仕え、文禄・慶長の役などに参加した。関ケ原の戦いでは、父と一緒に西軍に属して戦ったが、敗れたため領地を取り上げられ、父とともに土佐（現在の高知県）の大名・山内一豊にあずけられた。

しかし1614年、家康と対立した秀頼から大坂城に招かれると、土佐を脱出し、豊臣軍に参加した。いくつもの合戦を経験していた勝永は、豊臣軍から頼りにされたが、大坂冬の陣では目立った活躍はできなかった。大坂夏の陣では、家康の本隊を大混乱させる活躍を見せたが、豊臣軍の敗北が決定的になると、大坂城で自害した。

なるほどエピソード

勝永の妻は命がけで夫の名誉を守った!?

大坂冬の陣の前、勝永は豊臣軍に参加したかったが、残された妻が家康から罰を受けることを心配し、決断できずにいた。それを知った勝永の妻は、「武士が妻のために名を汚すなど、あってはならないことです」とはげまし、勝永を大坂城へ向かわせた。後に、このことを知った家康は、「志のある女性である。罰してはならない」と、勝永の妻を保護したという。

豊臣軍の主力部隊を率いる

長宗我部盛親

ちょうそかべもりちか

長宗我部盛親は、土佐（現在の高知県）の長宗我部元親の四男。長宗我部家を継ぎ、関ケ原の戦いで西軍として参加したが、敗れて土佐を取り上げられた。大坂冬の陣のとき豊臣軍に参加し、大坂夏の陣では、八尾の戦いで徳川軍を撃退する活躍を見せたが、大坂城落城後、捕らえられて処刑された。

出身地	土佐（現在の高知県）
生年月日	1575年（誕生日は不明）
死亡年月日	1615年5月15日
享年	41歳（刑死）

熱心なキリシタンだった武将

明石全登

あかしてるずみ

明石全登は、岡山城主・宇喜多秀家の重臣で、熱心な*キリシタンだった。関ケ原の戦いで西軍に属した秀家が追放された後、九州の黒田家に迎えられた。大坂冬の陣のとき、キリシタン部隊を率いて豊臣軍に参加し、大坂夏の陣では最後まで戦い抜いたが、落城後は戦場から脱出し、行方不明となった。

出身地	備前（現在の岡山県）
生年月日	1569年頃
死亡年月日	1618年?
享年	50歳?（不明）

*日本人のキリスト教信者。

大野治長

信繁の能力を信頼した豊臣軍の指導者

大野治長の母・大蔵卿局は淀殿の*乳母だったため、治長は秀吉のもとで出世した。秀吉の死後は、秀頼に仕えたが、関ケ原の戦いでは東軍に属し、手柄を上げた。その後、豊臣家にもどり、淀殿の信頼を得て、豊臣家の最高指導者となった。

*母親に代わって子育てをする女性。

大坂冬の陣では、徳川軍と交渉して和解を実現させたが、和解反対派におそわれて負傷した。大坂夏の陣の「天王寺口の戦い」において、秀頼に出陣してもらうために、戦場から大坂城にもどったが、説得に失敗。その後、豊臣軍は敗れ、秀頼とともに自害した。

出身地	丹後(現在の京都府)
生年月日	1569年(誕生日は不明)
死亡年月日	1615年5月8日
享年	47歳(自害)

秀頼の馬印をかかげる治長

大坂夏の陣で、治長は秀頼の馬印(大将の印)をかかげて戦ったが、馬印と一緒に大坂城に帰ったため、「治長が退却した」と思われ、豊臣軍は反撃された。

織田有楽斎
(1547〜1621)

織田信長の弟。豊臣家に仕え、大坂冬の陣の後、大野治長らと徳川家との和解を実現させた。大坂夏の陣の前、意見が無視されるようになり、大坂城から出た。

戦国おもしろコラム

真田十勇士とは!?

錦絵にえがかれている穴山小助と海野六郎

明治時代初期に発行された第二次上田合戦をえがいた錦絵には、穴山小助と海野六郎が見られる。

真田十勇士

猿飛佐助	由利鎌之助
霧隠才蔵	筧十蔵
三好清海入道	海野六郎
三好伊三入道	根津甚八
穴山小助	望月六郎

幸村と佐助

忍者・猿飛佐助は真田十勇士の中でも特に人気が高かった。

影武者伝説から誕生した愛すべきキャラクターたち

真田十勇士とは、明治時代末に刊行された文庫本『立川文庫』に登場する、幸村(信繁)を支える10人の家臣である。個性豊かで、家康を苦しめた真田十勇士たちは人気となり、特に忍者の猿飛佐助や霧隠才蔵は子どものあこがれになった。

十勇士たちのエピソードは、すべて創作であるが、由利鎌之助や筧十蔵、根津甚八、望月六郎などは、実在した信繁の家臣をモデルにしているとされる。

真田十勇士は、信繁に複数の*影武者がいたという伝説がもとになっている。これが江戸時代後半の小説『真田三代記』に受け継がれ、『立川文庫』において、物語として完成した。『立川文庫』のヒットにより、忍術ブームが起きたという。

*敵をだますため、主君と同じ服装をさせた身代わりの武士。

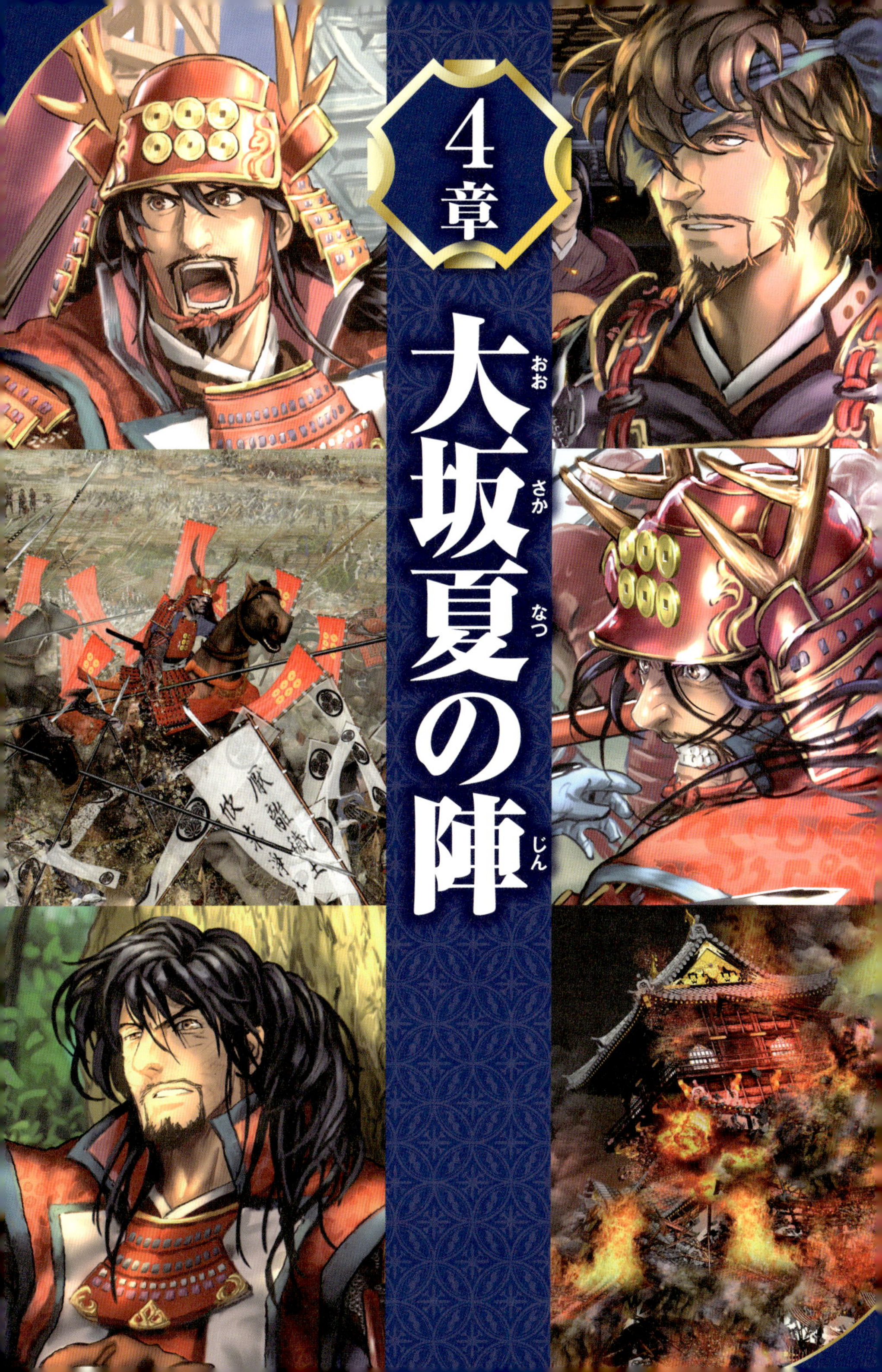
4章
大坂夏の陣

大坂冬の陣の半年後、家康は豊臣家に対し、
大坂城内の兵を追放するか、秀頼が大坂城から出るように迫った。

しかし豊臣家はこれを拒否した。
大坂城は豊臣の城！主が出ていかねばならぬ道理はない！

家康は太閤様に成り代わろうとしている…!!
豊臣の世を守るのじゃ！

駿府城
大坂では戦の準備が進められているようです
ふん、往生際の悪いことだ…

全国の大名に伝えよ
再び大坂城を攻めよとな！

大坂城
徳川兵およそ十五万がこちらに向かっています
この大坂城はじきに取り囲まれますぞ!
にげ出す者も多くこちらの兵は半数以下かと…
毛利勝永
堀を失ったこの城では籠城もできませぬ…
……
もはや打って出るほか、手はありませんな!

翌朝、後藤隊は道明寺近くの小松山を占領したが…
大坂城
後藤隊
真田・毛利隊
小松山

周囲には徳川の軍勢、およそ三万!!
我が軍は三千…包囲されていきます!

くそっ…先制攻撃は無理か!
一度退却して態勢を…
いや、突撃だ!相手は鉄砲部隊!
ここで敵を食い止める!
おおお
——あとは任せたぞ…

後藤隊苦戦の知らせは道明寺の後方に陣取っていた真田隊・毛利隊にも届いたが…
すぐ、たすけに向かうぞ！

急いでかけつけたときには、後藤隊は壊滅していた。

間に合わなかったか！
くっ

敵は勢いのままこちらに迫って来ています！
よし、ここで我らが迎えうつぞ！

――いいえ、毛利殿は残りの兵をまとめて大坂城へおもどりください

ここは
我らが食い止めます！

先ほどの部隊は手強かったが…
大将が戦死して豊臣は退却か…
伊達政宗
報告！
前方に赤備えの部隊を確認！
真田信繁です！

真田…冬の陣で活躍したやつか！

ばっ！
来い！ この政宗がけ散らしてやる！
鉄砲隊、うてっ！

耐えろ！
できるだけ身を伏せるんだ！
ドドドドン
ズドドオン

鉄砲の弾には限りがある…
いつか必ず
途切れる──
わ、あああ

今だ！

ザッ!!
ザ
ザ
ガ
鉄砲隊、構えっ！
ドドドドンッ!!
うてぇ!!

何っ!?

陣形が崩れたぞ！
一気に攻めろ！
うおーっ

わあああああ
わ、我が隊が押されています！
真田め…なかなかやるな！

我が隊、依然有利です！
よし、このまま押しきるぞ！
の、信繁様！
大坂城より退却せよとの命令が…！

退却、そんな…
ここを動けば攻めこまれてしまうかもしれないのに!?

――やむを得まい…
全員、大坂城へ引き返すんだ！

無事に退却できるでしょうか…
バタ
バタ
バタ
……

敵は追撃して来ないようですね…
カチャッ

関東勢は百万といえども
男はひとりもおらぬのか！

ち、ち、父上一体何をっ！
うたれちゃいますって!!
…いや

徳川についた者は手柄を立てるためなら迷わず追撃してくると思ったが…

うってはならぬぞ

政宗殿はそれを潔しとは思わぬようだ…

行くぞ大助!
城にもどったら阿梅たちを呼んでくれ!

あの方なら子どもたちを預けられる…!!

その夜、信繁は阿梅ら子どもたちを政宗の陣に送り届けた。政宗に子どもたちの人生を託したのである。

その後、阿梅は政宗の重臣・片倉重綱の妻になった。

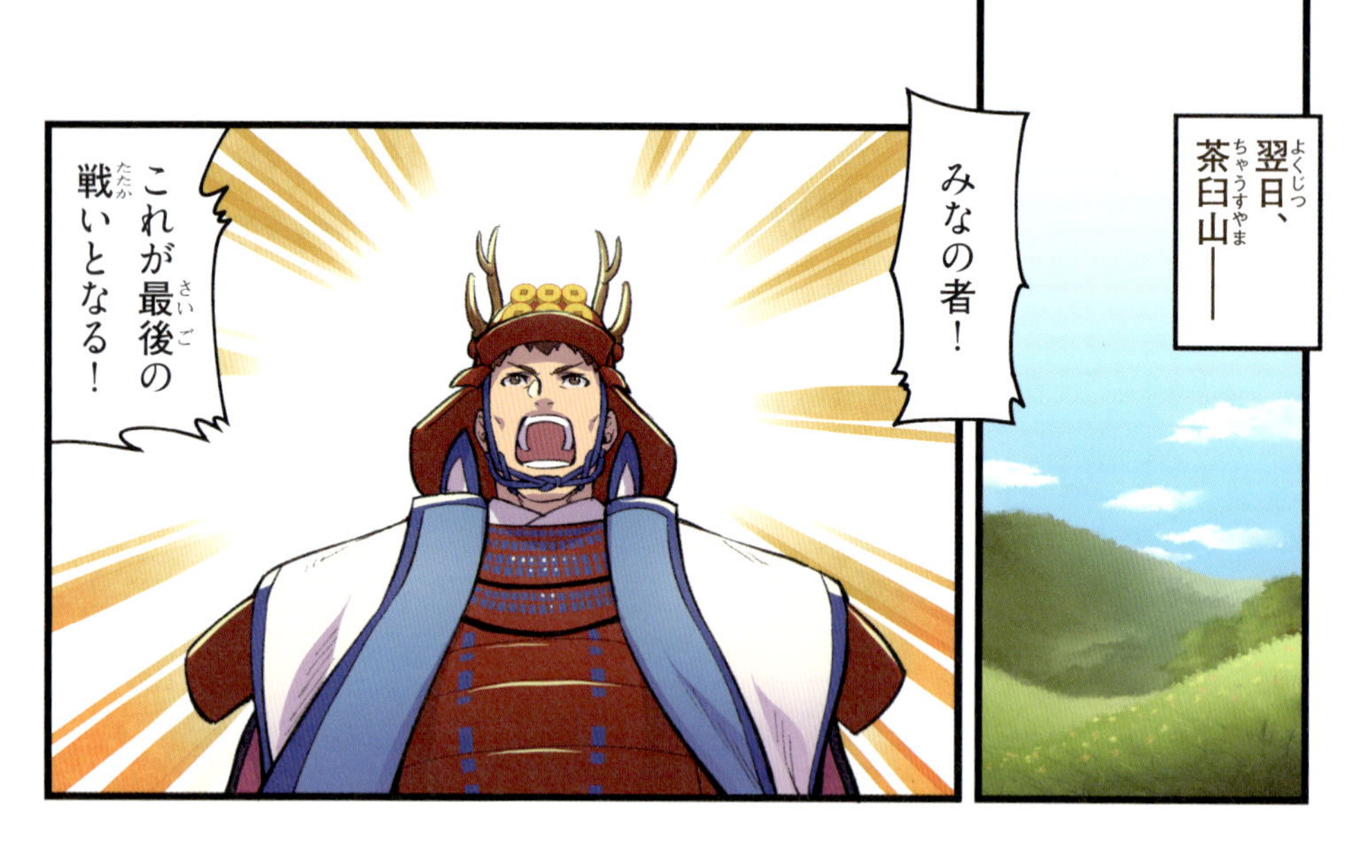
翌日、茶臼山――
みなの者！
これが最後の戦いとなる！

我が軍の作戦がうまくいけば
必ず家康をうち果たせる！

みなの士気も最高潮ですね！
あぁ
うおおおおお

オーオオ
豊臣に報いるは
今ぞ！
うおおおおお!!

あとは秀頼様が出陣されるのを待つばかりか…
豊臣軍の作戦は信繁が敵を引きつけているすきに、別働隊が家康の本陣を攻撃するというものだった。
別働隊
信繁隊
家康本陣

豊臣軍の攻撃は秀頼の出陣を合図にはじめることになっていた。

秀頼が出陣する前に、豊臣軍の毛利勝永隊が戦闘をはじめてしまった。

だが、その出陣を待っている最中――
たっ…たいへんです！

まずい…
戦闘開始にはまだ早い…！

くっ…！
秀頼様の
出陣はまだなのか!?
ぐぬぬ…

…大助
ぱっ
はい！

急ぎ城へもどり、秀頼様に
出陣を願い出てくれ！

そんな…
私は…
戦場に出たら、秀頼様の側に
ついてお守りしろ！
私はっ!!

父上とともに…最期まで
戦いとうございます…！

…お前にしかできないことなんだ
頼んだぞ
…はい
ぽん
よし！
全速力で頼むぞ！
たたたた…
…なぁ大助

お前とともに戦えて
おれはうれしかったぞ!
ち、父上…
ぱからっ
ぱかっ
ぱからっ

ほっ…
報告します!
ばた
ばた
ばた

毛利隊の勢いに
押され、敵部隊が
崩れています!
くるっ
よし、我らも
突撃開始だ!

ねらうは家康の首、
ただひとつ!

家康の本陣
まったく…
そろいもそろって役立たずばかりだな……
タ
タタ
タ
タタタ
タ
タ
毛利隊の勢いが止まりません！
小笠原、榊原、各隊、退却！
どうなっているのだ!?
オォー
ロォ…
ダ
ダ
ド
ド
ド
ん？ なんだ…？
いっ…家康様ぁ!!
は、早く…おにげくださいっ！
さっ…さなさなっ…!!
えぇい！落ち着かんか！ゆっくり申せ！
ガタ
ガタ
ガタ
ガタ
だだ
だだだ
――さ…
ドドドドドドドドドド

真田が来ましたぁぁあああっ!!!

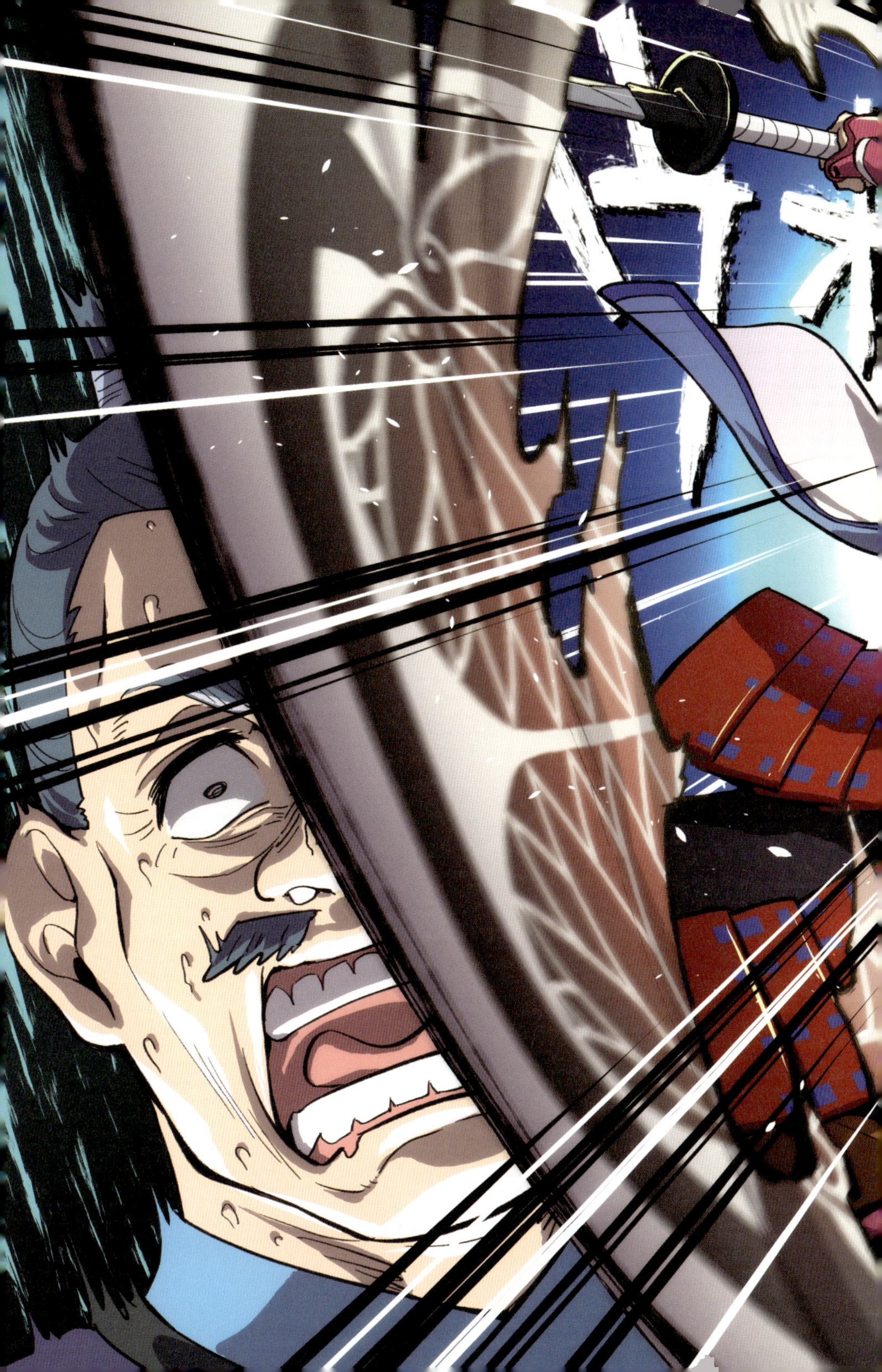

だかっ
家康、覚悟!!
だかだっ
だかっ
ゆっ
い、家康様を守れぇ!!
じゃ
ま
だぁあああ!!

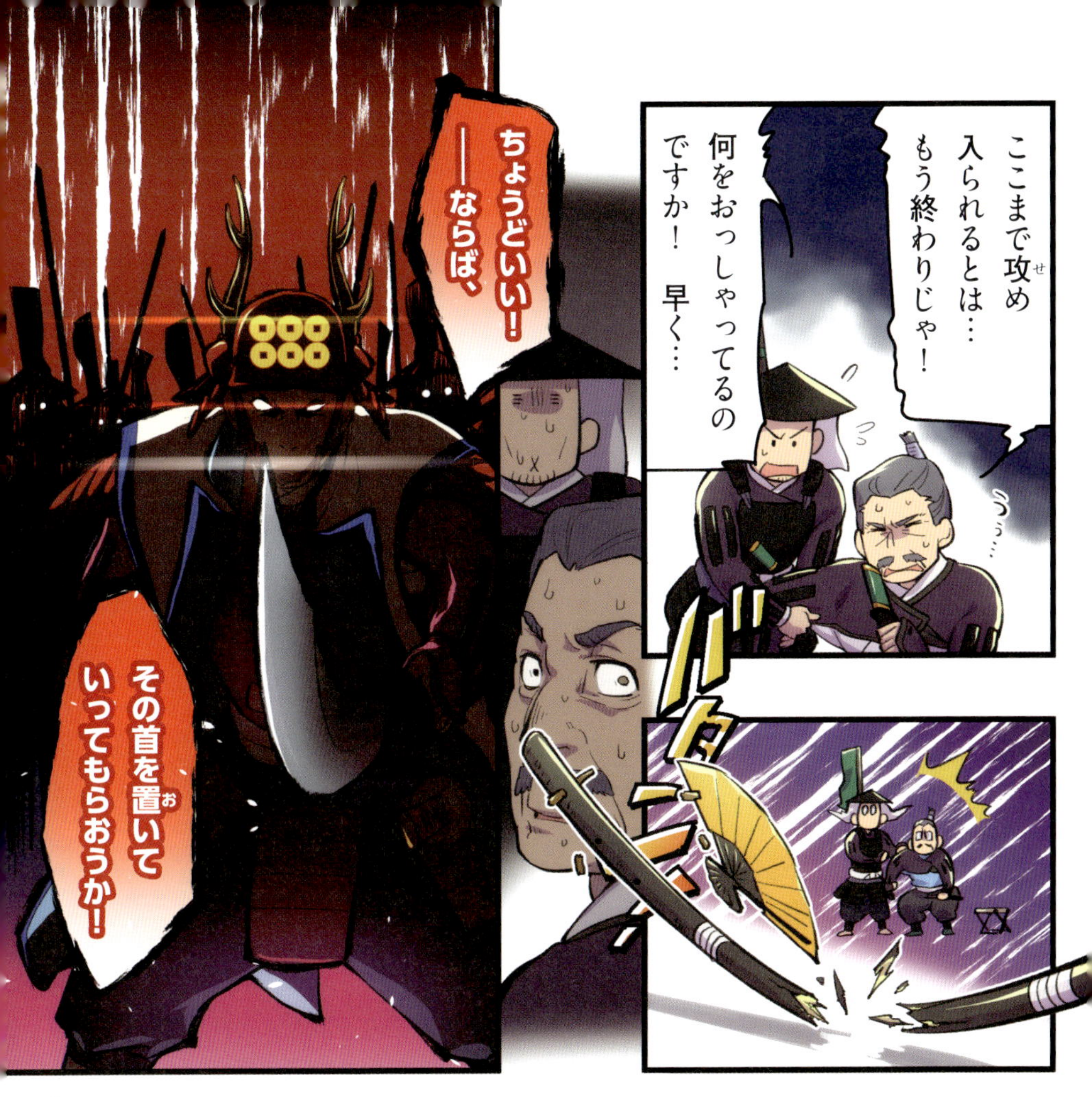
ここまで攻め入られるとは…
もう終わりじゃ！
何をおっしゃってるのですか！　早く…
うぅ…
ちょうどいい！
——ならば、
その首を置いていってもらおうか！

お気を確かに！
早くおにげ…
ざっ

にがすな！
絶対にうち取れ！

家康をうてぇ!!

信繁は家康の本陣に
三度突撃をしかけたが
大軍にはばまれ――
家康をうち取ることは
できなかった…

わぁあぁ
真田隊の兵もひとり、
またひとりと
うち取られていった。

ちくしょう! あと
一歩だったのに…!
くやしいなぁ…
はぁ
ひー
は

秀頼様の出陣はもう
見こめそうにないな…
はぁ

豊臣の将と
お見受けする!

チャ…

その首、お覚悟召されよ！
カカッ

くそっ…ここは――
スッ
待て

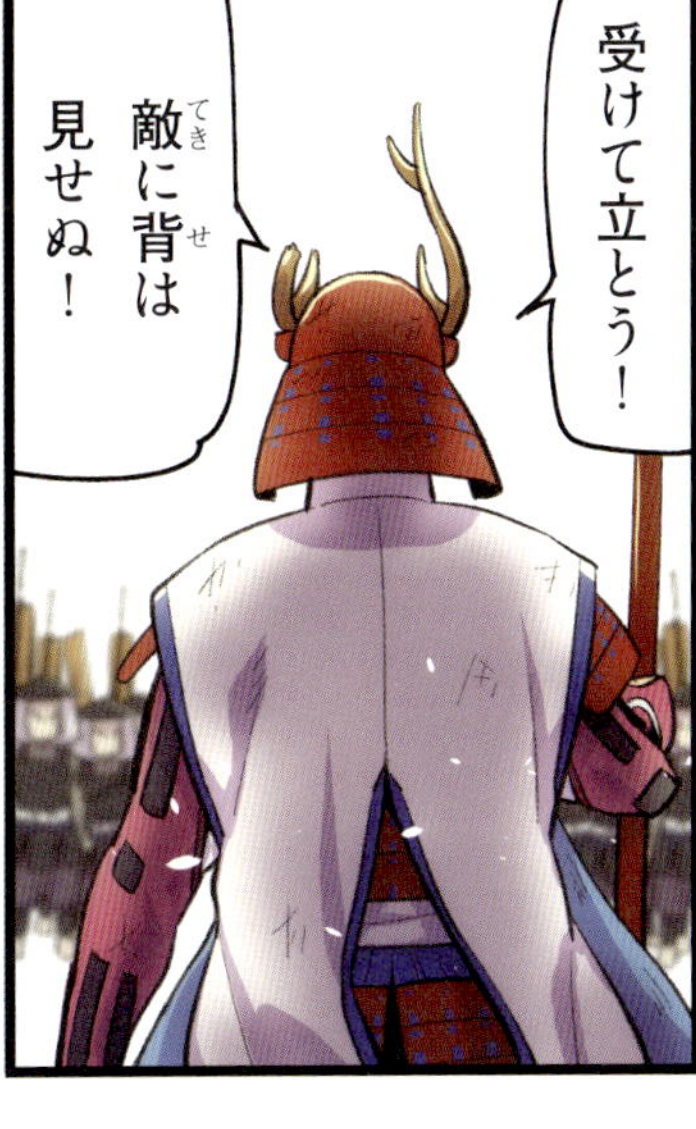
受けて立とう！
敵に背は見せぬ！

ザザッ
それが「兵」の生き様よ！

上田城

真田信幸

殿
とた
とた
とた

大坂城が落ちたようです
はっ
家康様は何度か信繁殿に追いつめられたそうですが…

命からがらおもどりに——
…信繁はどうした?

…最期はうち取られたそうです…
…そうか

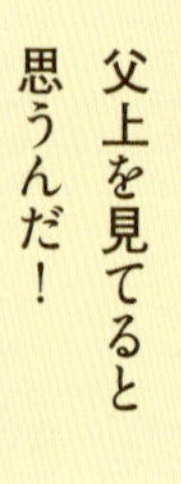
信繁——
ツワモノ?
そ!
父上を見てると思うんだ!

武功、策略…
戦で名を上げてみんなが一目置いている

ニカッ
それってすっごくかっこいいじゃん！

おれもいつか大きな戦に出て日本一の兵になるんだ！

八尾・若江の戦い（大坂夏の陣）

大坂城へ向かう徳川軍を豊臣軍が迎えうつ！

勝 戦力 約12万人

藤堂高虎

徳川軍

VS

豊臣軍

長宗我部盛親

負 戦力 約1万人

浪人問題をきっかけに家康と秀頼が再戦する

堀を埋められた大坂城は防御力を失ったが、浪人たちは大坂を去らず、乱暴事件を起こしたり、城の堀を掘り返したりしていた。これに対し、家康は浪人を追放するか、秀頼が大坂城から出るか、どちらかを選ぶように求めた。しかし浪人たちは、家康の提案を無視。このため、家康は秀頼と再び戦うことを決意し、1615年4月、全国の大名に大坂城を攻めるように命じた。こうして大坂夏の陣がはじまった。

家康と秀忠の率いる徳川軍の本

京都攻めを主張する信繁

信繁は、京都を占領して、秀頼が伏見城に入って指揮を取るべきと主張したが、大野治長らに反対された。

八尾の戦い

長宗我部盛親は、長瀬川の堤防に自軍の兵を伏せさせ、徳川軍の藤堂高虎隊が近づいたとき、いっせいに攻撃させた。藤堂隊は総崩れになったが、若江の戦いで豊臣軍の敗戦を知った盛親は撤退した。

長宗我部盛親(1575〜1615)

土佐(現在の高知県)の戦国大名・長宗我部元親の四男。関ケ原の戦いで西軍に属したため、領地を取り上げられた。大坂冬の陣のとき、秀頼に招かれて大坂城に入り、以後、豊臣軍の武将として戦った。

(➡P158)

隊約12万人は、京都を出発して大坂城を目指した。5月6日、徳川軍本隊の動きを知った豊臣軍は、大坂城の東の若江や八尾で迎えうつため出撃したが、若江では指揮官の木村重成が戦死して敗北。八尾では長宗我部盛親隊が徳川軍の藤堂高虎隊を破る活躍を見せたが、若江での敗戦を知った盛親は、孤立するのを恐れて撤退した。

1615年 49歳

道明寺の戦い（大坂夏の陣）

又兵衛は激戦の末に壮絶な戦死をとげる！

勝 戦力 約3万5000人
伊達政宗
徳川軍
VS
豊臣軍
後藤又兵衛
負 戦力 約3000人

徳川軍の別働隊を又兵衛が迎えうつ！

徳川軍は、家康・秀忠の本隊とは別に、伊達政宗などが率いる別働隊約3万5000人が奈良を出発し、大坂城南の道明寺（大阪府）へ向かった。信繁や後藤又兵衛、毛利勝永らは、道明寺に集合し、別働隊を迎えうつことを決めた。

5月6日の早朝、又兵衛は約3000人を率いて道明寺付近に到着したが、信繁や勝永の部隊はまだ到着していなかった。しかし徳川軍が間近に迫っていたため、小松山と呼ばれる丘を占領して本陣とし、徳川軍と戦いはじめた。

後藤又兵衛
(1560～1615)

秀吉の軍師・黒田官兵衛に仕えていたが、官兵衛の子・長政との仲が悪くなり、黒田家を出た。大坂冬の陣のとき、秀頼に招かれて豊臣軍に参加した。

(➡P156)

発見!

小松山古戦場跡

又兵衛は約3000人の兵で小松山を占領し、10倍以上の徳川軍と激しく戦った(大阪府)。

徳川軍

大和川

道明寺の戦い

約3000人を率いる豊臣軍の後藤又兵衛は、小松山を占領したが、徳川の大軍に包囲された。又兵衛は小松山を下りて徳川軍に突撃し、戦死した。

後藤隊は少数にもかかわらず互角に戦ったが、徳川の大軍にしだいに押され、小松山を包囲された。又兵衛は小松山を下りて突撃をしかけたが、政宗の鉄砲隊に攻撃されて戦死した。後藤隊は退却し、徳川軍は追撃を開始した。

ウソ!ホント!?

信繁が合流に遅れた理由は不明!?

信繁は道明寺で後藤隊と合流するはずだったが、濃い霧のため進軍できず、合流が遅れたという。また別の説では、信繁は道明寺の後方で敵を待ち構えていたが、後藤隊が苦戦しているのを知り、たすけに向かったという。

誉田の戦い（大坂夏の陣）

伊達隊を攻撃する信繁
信繁は、ぎりぎりまで伊達隊を引き寄せた後、いっせいに反撃を加え、伊達隊を押しもどした。

信繁と政宗が最初で最後の直接対決をする

道明寺で又兵衛をうち取った徳川軍の伊達隊約1万人は、誉田（大阪府）まで進んだ。そこに信繁の率いる約3000人の真田隊が到着し、立ちはだかった。伊達隊は鉄砲隊による激しい銃撃で、真田隊に攻め寄った。信繁は兵を地面に伏せさせ、伊達隊が間近に迫ったとき、いっせいに鉄砲をうちこみ、槍隊に突撃させた。予想外の反撃により、伊達隊は大混乱となり、道明寺まで押しもどされた。

このとき、大坂城から、信繁のもとに撤退命令が届いた。信繁は

誉田の戦いの流れ

1 伊達鉄砲隊が真田隊を攻撃する

誉田で真田隊と激突した伊達鉄砲隊は、激しい攻撃を加えながら、攻め寄せた。

2 真田隊が反撃する

信繁は、伊達隊が間近に迫ったところで、いっせいに反撃を開始し、伊達隊を後退させた。

3 信繁が退却する

信繁は退却を開始したが、追撃してこない徳川軍に向かって「男はひとりもおらぬのか」と叫んだという。

信繁は得意の戦法で伊達軍を撃退する！

退却を開始したが、伊達隊は弾薬を使い果たしており、追撃は不可能だった。また信繁の勇気ある戦い方に感心した政宗は、他の徳川軍にも追撃させなかったという。それを見た信繁は、徳川軍に向かって、「関東勢(徳川軍)は百万といえども、男はひとりもおらぬのか」と叫んだという。

家族を政宗にあずける

戦いを通じて信頼した政宗に家族を送りこむ

5月6日の戦いで、後藤又兵衛など多くの武将を失った豊臣軍は、残りの戦力を集めて、翌日に大坂城の南の天王寺口で、最後の決戦にいどむことを決めた。

決戦前日の夜、信繁は三女の阿梅（➡P207）を呼び出した。信繁は、翌日に戦死する覚悟だったが、家族が合戦に巻きこまれるのを心配していた。信繁は、誉田の戦いで勇かんに戦った伊達隊の先鋒（先頭で戦う武将）・片倉重綱を敵ながら見事であると感心し、重綱と、その主君・政宗を信頼できる男だと感じていた。そこで阿梅に「政宗殿を頼れ」と命じ、五女・なお、七女・おかね、次男・大八などと一緒に、伊達軍の重綱の陣に送りこんだ。重綱は阿梅たちをすぐに保護し、政宗も阿梅たちを

政宗は信繁の子どもたちを守る！

阿梅（1604?～1681）

信繁の三女。母は高梨内記の娘。大坂城の落城前に政宗の家臣・片倉重綱に保護され、仙台藩（宮城県）に向かい、のちに重綱の妻となった。

（➡P207）

阿梅たちを保護する片倉重綱

信繁は、勇かんに戦う重綱を見こんで、阿梅たちを送り届けた。阿梅は白い鉢巻をして、長刀を手にした美少女だった。

政宗に会う阿梅たち

誉田の戦いがあった日の夜、信繁は娘・阿梅たちを伊達軍の陣に送りこんだ。政宗は阿梅たちを保護することを決めた。

守ることを約束した。

大坂夏の陣後、阿梅たちは政宗の領地である仙台藩（宮城県）に送られ、片倉家にかくまわれた。その後、阿梅は重綱の妻となり、大八は仙台藩士・真田（片倉）守信として、信繁の子孫を残した。

ウソ！ホント!?

阿梅は生け捕りにされた女性だった!?

重綱は、大坂城が落城したとき、阿梅を戦場で生け捕りにしたという説がある。阿梅を仙台藩に連れて帰った重綱は、侍女（世話役の女性）として働かせていたが、あるとき信繁の娘だとわかり、妻として迎えたという。

1615年
49歳
家康を倒すため
信繁は最後の戦いにいどむ!

天王寺口の戦い（大坂夏の陣）

家康の本陣を目指す信繁
徳川軍が混乱する中、信繁は約3000人を率いて、家康の本陣をめがけて突撃を開始した。

勝 戦力 約15万人
徳川家康
徳川軍
VS
豊臣軍
真田信繁
負 戦力 約5万人

秀頼が出陣する前に茶臼山から出撃する

5月7日の朝、信繁は、約3000人の真田隊を率いて天王寺口の茶臼山に陣を構えた。真田隊の兵たちは、甲冑や軍旗などをすべて赤色に染めた「赤備え」であった。毛利勝永や大野治長らも、天王寺口に布陣し、徳川軍と向かい合った。豊臣軍約5万人に対し、徳川軍は約15万人で、圧倒的な兵力差があったが、豊臣軍は秀頼が出陣すれば戦意は高まり、勝利は可能だと考えていた。

しかし正午頃、徳川軍の本多忠朝隊に鉄砲をうちこまれた毛利隊

信繁の本陣跡

天王寺口の戦いで、信繁は茶臼山に本陣を置いた。茶臼山には、大坂冬の陣で家康の本陣が置かれた。

大坂城へもどる大助

信繁は秀頼に出陣をうながすため、大助を大坂城に帰した。大助は何度も振り返りながら茶臼山を下りた。

が反撃し、予期しないかたちで戦闘が開始されてしまう。信繁は、秀頼に急いで出陣してもらうため、大助を大坂城に向かわせた。

一方、勝永は怒涛の勢いで本多隊に突撃し、忠朝をうち取った。勢いに乗る毛利隊は、次つぎと徳川軍の部隊を撃破し、大混乱におとしいれた。こうした状況の中、信繁は茶臼山から出撃した。

真田大助(1601?~1615)

信繁の長男で、母は竹林院。九度山(和歌山県)で生まれ、信繁とともに九度山を脱出して大坂城へ入った。大坂夏の陣では、信繁の命令に従って大坂城に帰り、秀頼を守り続けた。

(➡P206)

家康の本陣に突入する信繁

本陣に突撃した信繁は家康の馬印（大将の目印）を踏み倒した。家康の馬印が倒されたのは、三方ケ原の戦い（1572年に起きた戦いで、家康が武田信玄に敗れた）以来のことだった。

信繁の捨て身の突撃で家康は切腹を覚悟する

信繁の率いる真田隊約3000人の前に立ちはだかったのは、松平忠直隊約1万5000人だった。このとき徳川軍で「裏切り者が出た」という情報が流れ、松平隊は大混乱になった。このすきを見のがさなかった信繁は、松平隊をけちらして、家康の本陣を目がけて捨て身の突撃をしかけた。家康の本陣を守る旗本（大将を守る武士）たちは、鬼神のような迫力で迫る信繁を見て、恐ろしさのあまり家康を見捨ててにげ出した。家康も本陣からにげ出し、馬印（大将の目印）はふみ倒された。このとき家康を守ったのは、旗本の小栗久次ひとりだけで、絶望した家康は切腹を覚悟したという。

信繁の突撃は3度におよび、あと一歩というところまで家康を追

ねらうは家康の首、ただひとつ!

ビジュアル資料 **突撃する信繁**
信繁は3回突撃をくり返し、逃走中、家康は切腹を覚悟した。

いつめた。しかし秀頼が出陣せず、大坂城からは火の手が上がったため、徳川軍は落ち着きを取りもどした。反撃を開始すると、家康の危機を知った井伊直孝隊や藤堂高虎隊が松平隊と交戦中の真田隊におそいかかった。真田隊は分断され、戦闘能力を失った。信繁は大坂城へ退却せざるを得なかった。

上田市立博物館所蔵

ビジュアル資料 **家康を追う信繁**
実際に起きた場面をえがいたものではないが、信繁が家康を追いつめる様子が伝わる。

信繁が死を迎える

戦い抜いた信繁は神社の境内で力尽きる！

疲れ果てた信繁は反抗せずに戦死する

戦闘で傷つき、疲れ果てた信繁は、大坂城に向けて退却する途中、安居神社（大阪府）の境内の木にもたれかかって休んでいた。そこに、松平隊の武将・西尾仁左衛門が現れた。疲労のあまり、まともに動くこともできなかった信繁は、「私は真田信繁だ。うち取って手柄にされよ」と言い残し、仁左衛門にうち取られたと伝わる。信繁をうち取った仁左衛門は秀忠からほうびを与えられた。

大坂城へ退却した兵から信繁の最期の様子を聞いた大助は、両目に涙をたたえていたが、その後、何も言わなくなり、仏に祈りはじめた。大助は周りの人びとから「あなたは豊臣の家臣でないのだから、城からにげなさい」と説得されたが、何も答えなかったという。

信繁の戦死地

大阪市天王寺区にある安居神社は、信繁が戦死した場所とされ、信繁像や石碑が立っている。

父の最期の様子を聞く大助

大助は両目に涙をたたえながら、負傷して大坂城へにげ帰った兵から、信繁の最期の様子を聞いた。

神社の境内で体を休める信繁

戦闘で傷つき、疲れ果てていた信繁は、安居神社の境内の木にもたれて休んでいたが、そこに現れた徳川兵にうち取られたという。

西尾仁左衛門は信繁と知らずに戦った!?

ある資料によると、西尾仁左衛門は戦場で馬に乗った大将風の武士と出くわし、勝負をいどんで、その武士をうち取った。仁左衛門はその武士が誰か知らなかったが、その後、仲間に信繁だと教えられたそうだ。

さなだ松

安居神社にある松の木で、信繁が休んだと伝わる。実際の松は枯れて、現在の松は2代目という。

1615年

大坂夏の陣

炎上する大坂城の天守
大坂城は午後2時頃から火事になり、午後4時頃に天守が燃えはじめた。夜までに城内のほとんどの建物は焼け落ちた。

家康は豊臣軍の混乱を見のがさずに反撃する

1615年5月7日、徳川軍と豊臣軍は、天王寺口で最後の戦いを迎えた。家康は楽勝だと考えていたが、毛利勝永の活躍で徳川軍が混乱する中、信繁の突撃を受けて、本陣からにげ出すほど追いつめられた。豊臣軍が有利に戦いを進めていたとき、秀頼に出陣をうながすため、大野治長は大坂城にもどった。このとき治長は秀頼の馬印(大将の目印)を一緒に持ち帰ったため、それを見た豊臣軍の兵は「治長がにげ出した」と勘違いした。さらに大坂城から火の手が

秀頼と淀殿は自害し豊臣家は滅亡する！

反撃を命じる家康

大坂城から火の手が上がったのを見た家康は、全軍に反撃を命令し、豊臣軍を撃破した。

上がったため、戦意を失った。家康はすかさず全軍に反撃を命令し、一気に形勢を逆転させた。

徳川軍に侵入された大坂城は炎上し、秀頼や淀殿は山里曲輪の蔵の中へにげた後、自害した。

なるほどエピソード

秀頼は千姫に最後の望みをかけた⁉

秀頼の妻・千姫は、秀忠の娘（家康の孫）だった。大坂城が落城する前、秀頼は千姫をにがした。千姫は秀忠に、夫の秀頼の命をたすけてほしいと頼んだが、秀忠は断った。望みを絶たれた秀頼は、淀殿らと一緒に自害した。

知っておどろき！信繁！

これが信繁の武具だ!!

越葵文庫
福井市立郷土歴史博物館保管

大坂城天守閣所蔵

血染めの采配
信繁が戦死したときに持っていたとされ、信繁の血がついているという。

鉄二枚胴具足
信繁の甲冑といわれる南蛮胴具足（ヨーロッパの甲冑を日本風に改造した甲冑）。胴の中央部は鉄板で飾られ、手の甲に六連銭がデザインされている。

夏の陣で伝説となった信繁の赤備え

大坂夏の陣で信繁は、鹿角の脇立（兜の左右の飾り）の赤い兜と、緋威（赤い紐で小さな鉄板をつづり合わせたもの）の鎧を着用していたという。赤一色で染められた甲冑は「赤備え」と呼ばれ、信繁は配下の兵たちにも、赤備えを着用させたというが、現在、残っていないため、くわしい形状はわかっていない。信繁の甲冑として残っている「鉄二枚胴具足」は、銃弾を防ぐために胴を鉄板でおおった実戦的なものである。

また、信繁と戦った松平家には、信繁が大坂夏の陣で使ったとされる采配や長刀などが伝わっている。

長刀

大坂夏の陣で信繁が使ったとされるもので、信繁をうち取った西尾仁左衛門が持ち帰ったという。

越葵文庫 福井市立郷土歴史博物館保管

刀

信繁のものと伝えられる刀。無銘（刀の製造者の名前が彫られていないもの）で、鎌倉時代以前につくられたとされる。

真田宝物館所蔵

鹿角脇立兜赤備具足（復元）

「大坂夏の陣図屏風」にえがかれた信繁の姿を元に復元した甲冑で、兜は鹿角の脇立（兜の左右の飾り）と、六連銭の前立（兜の前側の飾り）が特徴。兜と鎧は赤一色で染められた赤備えで、信繁は大坂夏の陣で、配下の兵たちにも赤備えを着用させたという。

信繁の死後、真田家はどうなった!?

信繁はどのように語り継がれ、信繁の家族はどう生きたのだろう？

上田駅前に立つ信繁像（長野県）。

超ビジュアル！
真田新聞
第6号
発行所：
大江戸新聞

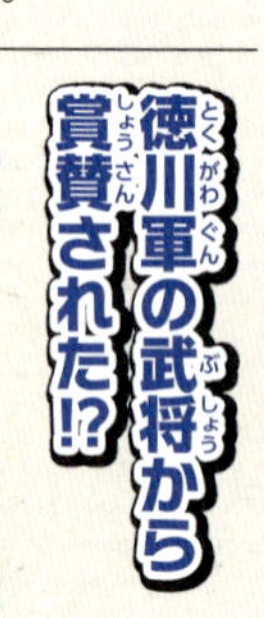

家康を追いつめる活躍を見せた信繁は、徳川軍の武将たちも感動させ、島津忠恒は「真田日本一の兵」、細川忠興は「古今にない大手柄」と、賞賛した。

竹林院は徳川兵に捕らえられた!?

大坂城落城のとき、竹林院は、娘あぐりを連れて脱出したが、途中で徳川兵に捕まった。このとき、信繁からあずけられていた脇差（短い刀）を取り上げられたが、命はたすけられた。

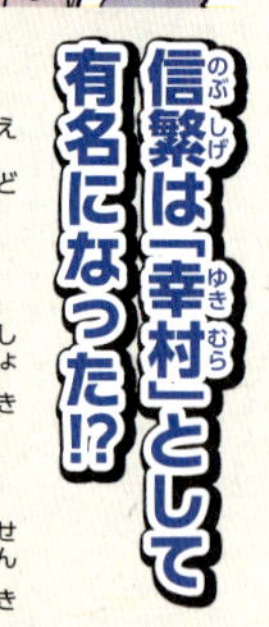

江戸時代初期の＊戦記物『難波戦記』の中で、信繁は「幸村」という名前で呼ばれた。幕府に敵対した信繁の名を使うのを避けたためだという。以後、信繁は「真田幸村」として有名になったそうだ。

＊合戦を題材にした小説。

真田信之氏に 独占インタビュー

真田家をどうやって守り抜いたのですか?

幕府に疑われないため、信繁に協力した家臣を処罰しました。7年後、幕府の命令で上田から松代(長野県長野市)に移るよう命じられました。先祖代だい守ってきた上田を明け渡すのはつらかったですが、真田家を守るために我慢しました…

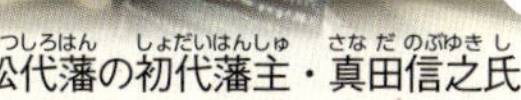
松代藩の初代藩主・真田信之氏

信之の秘密の箱!!

信之には特別に大切にしている長持があった。

家康様からいただいた短刀が入っている!

決して開けるな!

真田家では、代だい長持を守り続けた。

誰も中を見たことがないそうだ

しかし、明治時代になって中を開けてみると…

な、なんと!

短刀の他に、石田三成が昌幸に宛てた手紙が何通も入っていた。

幕府に見つかったら処罰されるからな!

信之は将軍から信頼され続けた!?

戦国時代を生き抜いた信之は、3代将軍・徳川家光から尊敬され、「信之は天下の飾りである」と称えられた。家光の死後、徳川家綱が4代将軍になった後は、「幼い将軍を支えてほしい」と、幕府から引退させてもらえず、91歳でようやく引退を許された。

晩年の信之。

信繁は秀頼を連れてにげた!?

大坂夏の陣後、幕府に不満をもつ人たちによって、「信繁は生きていて、秀頼を連れて薩摩(現在の鹿児島県)までにげた」という噂が広められた。

真田大助

さなだだいすけ

父・信繁とともに徳川軍と戦った少年

真田大助は、信繁と竹林院との間に、九度山(和歌山県)で生まれた。信繁と一緒に九度山を脱出し、大坂城へ入った。大坂冬の陣では、真田丸から出撃して徳川軍を破る活躍を見せた。

大坂夏の陣では、道明寺の戦いに参加したが、負傷した。翌日の天王寺口の戦いでは、秀頼に出陣を求めるため、戦場から大坂城に帰った。大坂城の落城後、「大将は切腹のとき佩楯(ひざを守る防具)を取らないものである。私は大将・真田信繁の子である」と言い残し、鎧を脱いだ後、佩楯を着けたまま切腹したという。

出身地	紀伊(現在の和歌山県)
生年月日	1601年頃
死亡年月日	1615年5月8日
享年	15歳(自害)

肖像

大助と信繁の墓

いさぎよく自害した大助は、「さすが信繁の子」と称えられたという(長野県)。

大助をえがいた絵

大助は秀頼を最後まで守り続け、豊臣家の家臣から「城からにげろ」と説得されたが断り、秀頼と一緒に自害した。

阿梅

伊達政宗にあずけられた信繁の娘

阿梅は信繁の三女で、母は真田家の家臣・高梨内記の娘とされる(母は竹林院という説もある)。九度山(和歌山県)で生まれ、大坂冬の陣の前、信繁と一緒に大坂城へ入った。

大坂夏の陣のとき、信繁から「妹や弟たちを連れて伊達政宗殿を頼れ」と命じられ、伊達隊の片倉重綱の陣を訪れた。阿梅は重綱に保護され、仙台藩(宮城県)に送られた。その後、阿梅は重綱の妻となり、妹や弟たちを育てたという。重綱との間に子はできなかったが、片倉景長(重綱の娘の子)を養子にして、後継者として育てた。

出身地	紀伊(現在の和歌山県)
生年月日	1604年頃
死亡年月日	1681年12月8日
享年	78歳(病死)

阿梅と大八と阿菖蒲

阿梅の弟・大八や、妹の阿菖蒲なども、重綱のもとで育てられた。

片倉重綱
(1585〜1659)

伊達政宗の参謀・片倉景綱の子。大坂冬の陣では、病気の父に代わって政宗と一緒に戦い、大坂夏の陣では後藤又兵衛をうち取った。

「太平記拾遺 四十二 片倉小十郎重綱」東京都立図書館特別文庫室所蔵

第二次上田合戦で昌幸に敗れる

徳川秀忠

とくがわひでただ

出身地	遠江(現在の静岡県)
生年月日	1579年4月7日
死亡年月日	1632年1月24日
享年	54歳(病死)

肖像

徳川秀忠は、家康の三男として生まれ、家康の後継者となった。22歳のとき、大軍を率いて昌幸と信繁が守る上田城(長野県)を攻撃した。秀忠にとって初陣(はじめて戦場で戦うこと)だったが、昌幸の作戦にはまって大敗した(第二次上田合戦)。

1603年、家康は征夷大将軍に任命され、江戸幕府を開いたが、その2年後、秀忠は家康から将軍職をゆずられ、2代将軍になった。

大坂冬の陣・夏の陣では、家康とともに徳川軍の主力を率いて出陣し、天王寺口の戦いでは、家康に代わって天王寺口に布陣したいと申し出たが、家康に断わられた。このため秀忠は、岡山口に本陣を構えたが、豊臣軍の大野治房隊に本陣を崩され、秀忠は自ら槍を手にして戦おうとしたという。

家康の死後、大名たちに厳しい態度でのぞみ、江戸幕府を安定させた。

徳川秀忠の憩石　第二次上田合戦で、小諸城を本陣にした秀忠が腰を下ろしたと伝えられる石(長野県)。

誉田の戦いで信繁と激しく戦う
伊達政宗
出身地 出羽(現在の山形県)
生年月日 1567年8月3日
死亡年月日 1636年5月24日
享年 70歳(病死)
肖像

東北地方を支配した伊達政宗は、1590年の小田原城の戦いのとき、秀吉のもとを訪れ、臣下になった。秀吉の死後、家康との関係を深め、関ケ原の戦いのときは東軍に属し、長谷堂城(山形県)で直江兼続と戦った。

家康が江戸で幕府を開くと、仙台藩(宮城県)の初代藩主となった。家康の命令で大坂冬の陣に参加したときは、積極的に戦わなかったという。

大坂夏の陣には、鉄砲隊を引き連れて徳川軍の別働隊に参加し、道明寺の戦いで後藤又兵衛をうち取った。その後、誉田(大阪府)まで軍を進めたとき、信繁の率いる真田隊が立ちはだかった。政宗は激しい攻撃をしかけたが、予期しない反撃を受けて苦戦した。激しい戦いの最中、信繁が撤退を開始すると、信繁の勇気ある戦い方に感心し、追撃をしなかった(誉田の戦い)。その日の夜、信繁から伊達隊の陣に送りこまれた阿梅たちを保護した。政宗は翌日の天王寺口の戦いにも参加したが、戦闘にはほとんど参加しなかった。

家康の死後、政宗は幕府から信頼され、仙台藩の発展に尽くした。

誉田の戦いを指揮する政宗

大坂夏の陣の誉田の戦いで、政宗は鉄砲隊を率いて信繁の軍勢と激しく戦った。

戦国時代の国名マップ

奈良時代から明治時代のはじめ頃まで、日本の地方は、現在とはちがう名前「国名」で呼ばれていた。国と国の境も、現在の都道府県との境とは少しちがっていた。

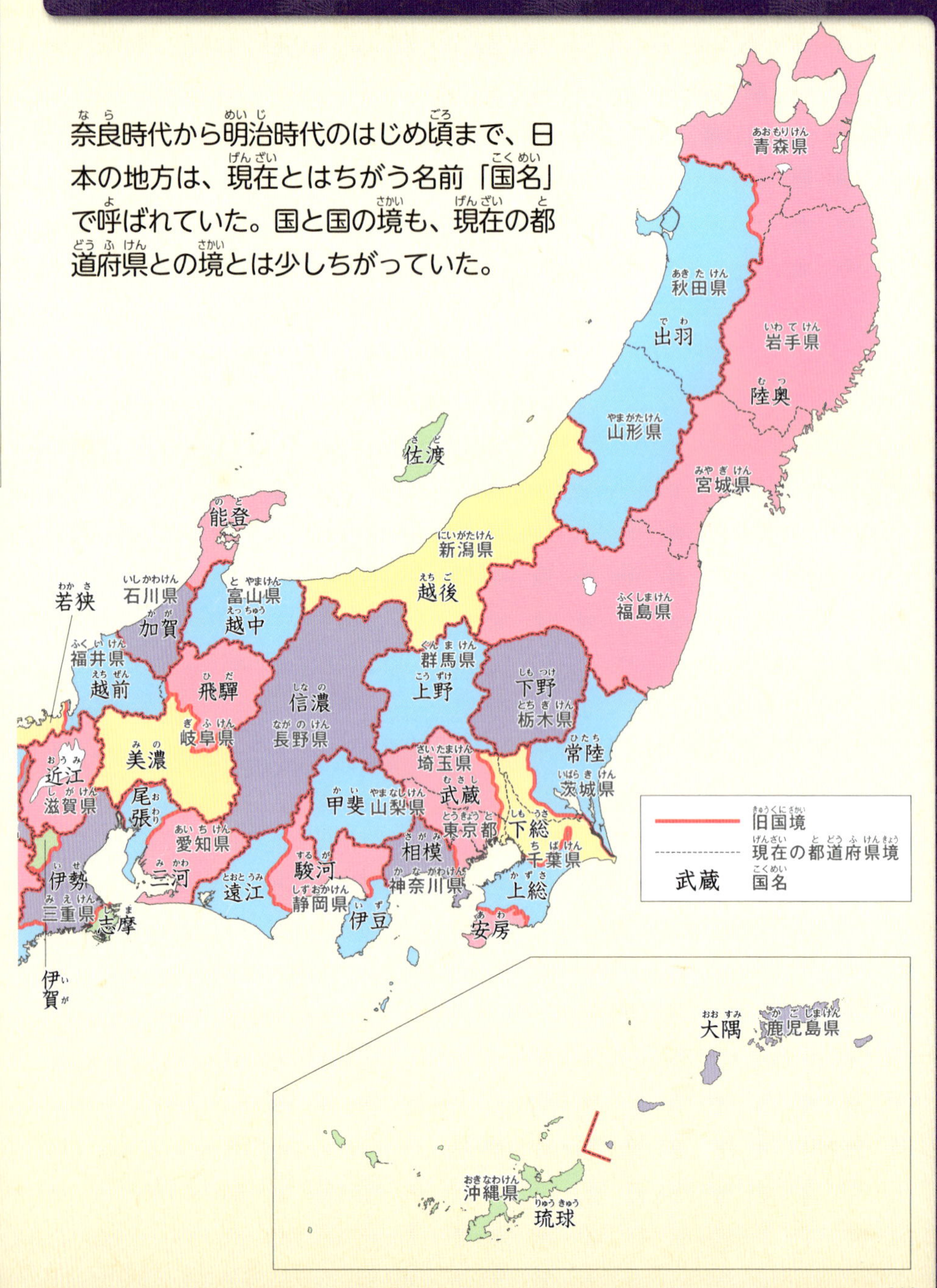

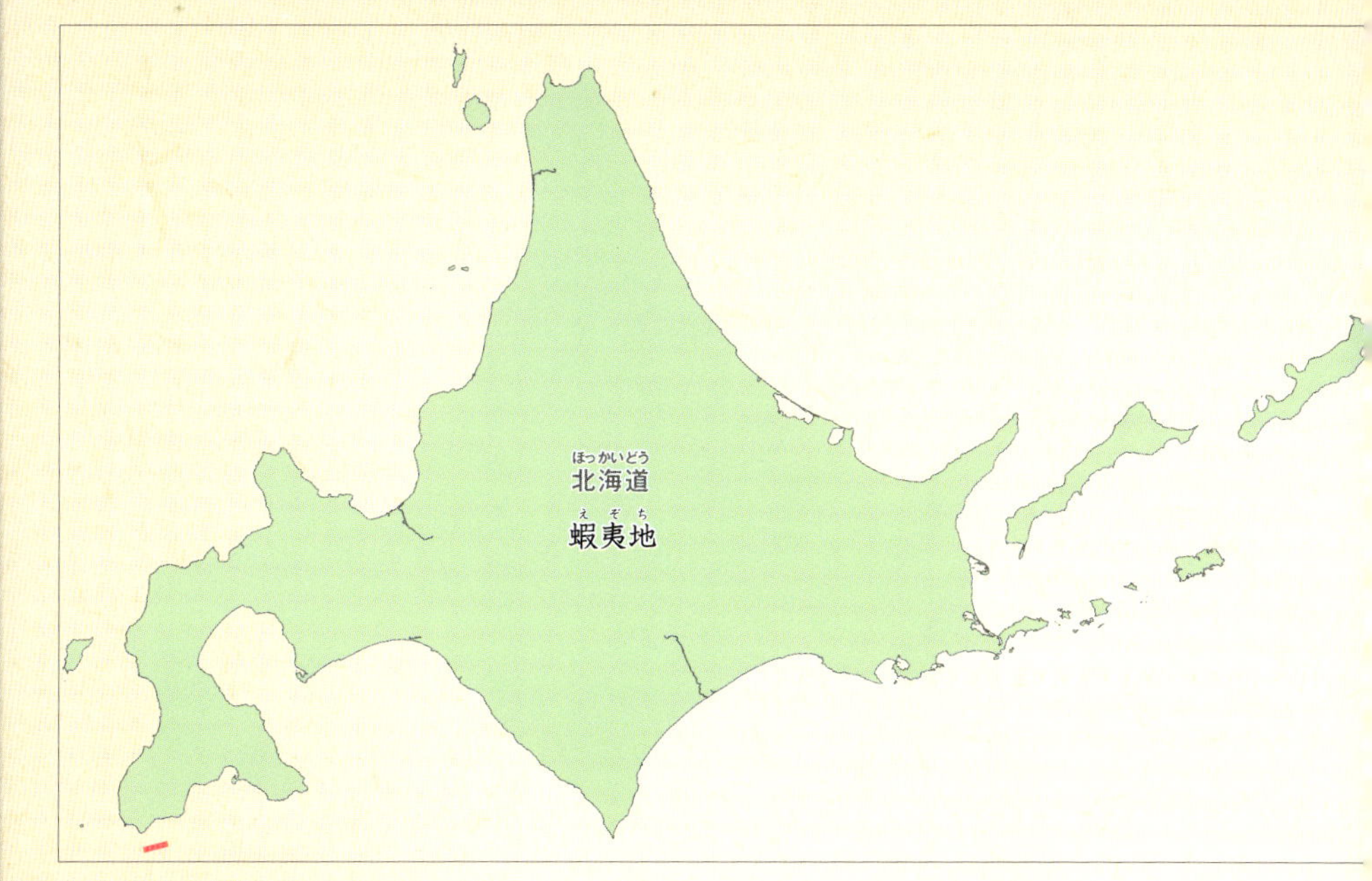
北海道
蝦夷地

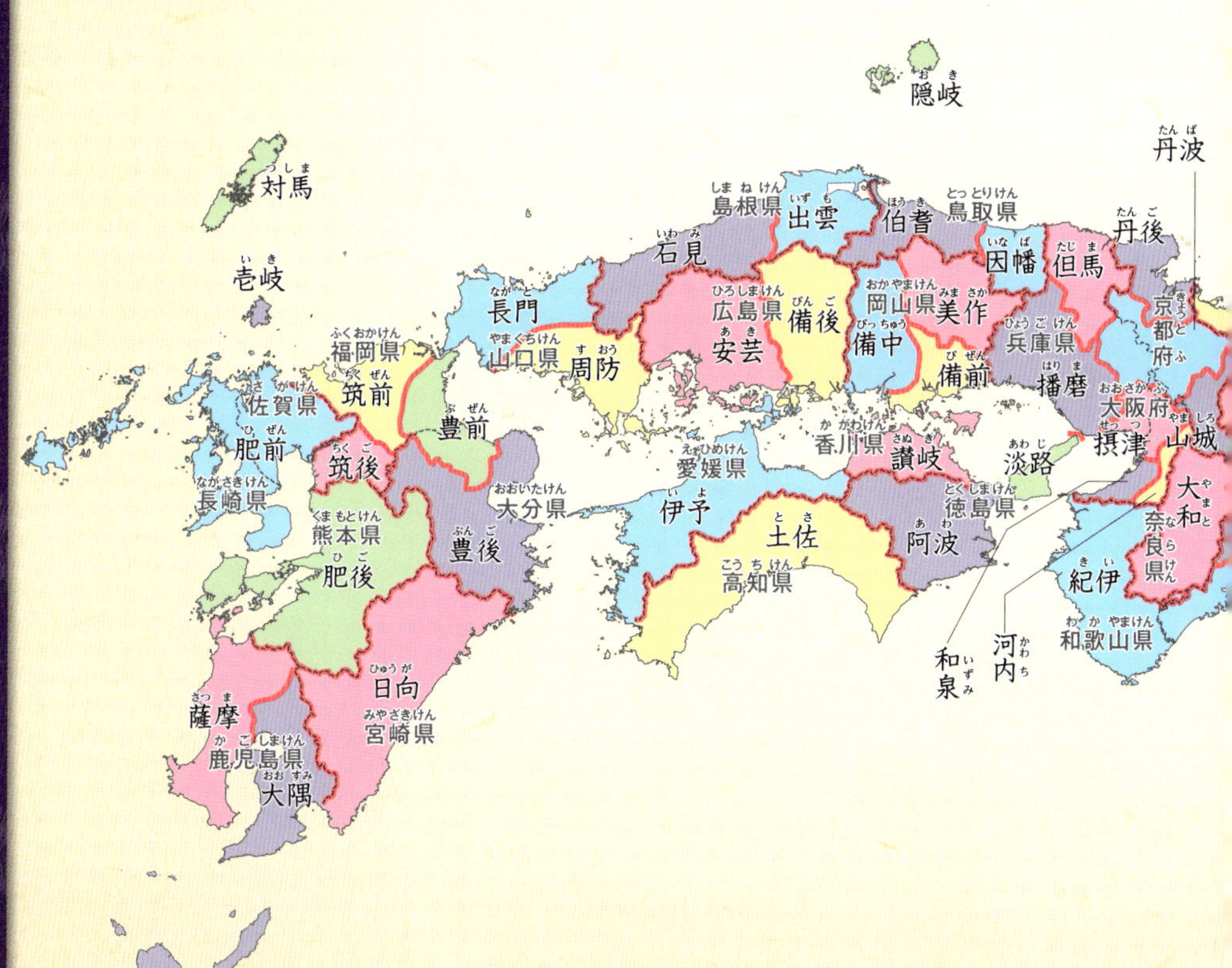
隠岐
丹波
対馬
島根県
出雲
伯耆
鳥取県
丹後
石見
因幡
但馬
壱岐
長門
広島県
備後
岡山県
美作
京都府
山口県
周防
安芸
備中
兵庫県
福岡県
佐賀県
筑前
備前
播磨
大阪府
豊前
肥前
香川県
讃岐
淡路
摂津
山城
筑後
愛媛県
長崎県
大分県
伊予
徳島県
大和
奈良県
熊本県
土佐
阿波
豊後
肥後
紀伊
高知県
和歌山県
和泉
河内
日向
薩摩
宮崎県
鹿児島県
大隅

※**赤字**はこの本で大きく取り上げているできごとです。

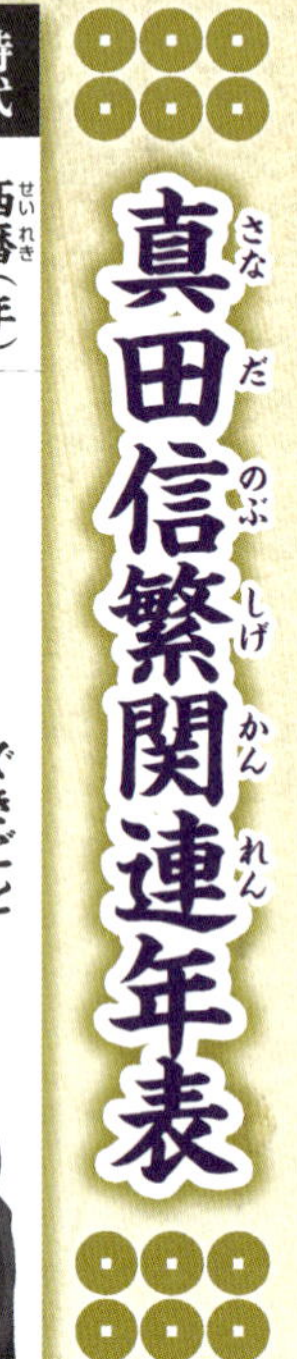

真田信繁関連年表

時代	西暦（年）	月	できごと
戦国時代（室町時代）	1567		1歳
		?月	**信繁が誕生する**（⬇P30）
	1572		6歳
		12月	三方ケ原の戦いで武田信玄が徳川家康を破る
	1573		7歳
		4月	信玄が病死し、勝頼が武田家を継ぐ
		7月	信長が室町幕府をほろぼす
		8月	信長が小谷城の戦いで浅井長政を破る
	1574		8歳
		5月	真田幸隆が病死する
	1575		9歳
		5月	**長篠の戦いが起こる**（⬇P32）
			真田信綱、真田昌輝が戦死する
	1579		13歳
			真田昌幸が真田家を継ぐ
安土桃山時代		10月	家康と北条家が和解する
	1583		17歳
		4月	**昌幸が上田城を築く**（⬇P44）
		8月	家康が昌幸に上田城を与える
		?月	豊臣秀吉が大坂城を築きはじめる
	1584		18歳
		4月	小牧・長久手の戦いがはじまる
		?月	昌幸と家康が沼田をめぐり対立する
	1585		19歳
		7月	昌幸が上杉家の配下になる
			上杉家の人質になる（⬇P48）
			秀吉が関白に任命される
		8月	**第一次上田合戦**（⬇P50）
	1586		20歳
		7月	家康が昌幸を攻めるため出陣する
		8月	家康は秀吉の仲裁で真田攻めを中止する
		10月	家康が秀吉の配下になる
	1587		21歳

※年表の内容には別の説があるものもあります。

安土桃山時代

- 9月 昌幸が矢沢頼綱に沼田城攻略を命じる
- ?月 頼綱が名胡桃城を落とす

1580 14歳
- 5月 **昌幸が沼田城をうばう**（➡P34）

1581 15歳
- 2月 昌幸が新府城の築城を指揮する
- 3月 高天神城が落城し、勝頼は信頼を失う

1582 16歳
- 1月 木曽義昌が武田家を裏切る
- 3月 **武田家がほろびる**（➡P36）
- 昌幸が織田信長に臣従する
- 6月 本能寺の変により信長が自害する
- **天正壬午の乱が起こる**（➡P42）
- 昌幸は滝川一益から沼田城を返される
- 神流川の戦いで滝川一益が北条軍に破れる
- 昌幸が上杉家の配下になる
- 7月 昌幸が北条家の配下になる
- 9月 昌幸が家康の配下になる

安土桃山時代

- 3月 昌幸が秀吉の命令で家康に会い、配下になる
- 昌幸が大坂城で秀吉に会い、配下になる
- **秀吉の人質になる**（➡P54）
- 9月 秀吉が聚楽第を築く

1588 22歳
- 1月 秀吉と茶々が結婚する
- ?月 秀吉が天正大判をつくりはじめる

1589 23歳
- 2月 真田信幸が家康の家臣になる
- 7月 秀吉の命令で沼田城を北条家に渡す
- 11月 **名胡桃城事件が起こる**（➡P56）
- 12月 秀吉が北条家打倒を宣言する

1590 24歳
- 3月 **はじめて合戦で戦う**（➡P58）
- 4月 **小田原城の戦い**（➡P60）
- 昌幸らが松井田城を落とす
- 6月 **忍城の戦いに参加する**（➡P62）
- 伊達政宗が秀吉の配下になる

安土桃山時代

1590		24歳
	7月	秀吉が北条家をほろぼす
		秀吉が奥州を支配下に置き、天下を統一する
		秀吉から昌幸に沼田が与えられる
	?月	信幸と小松姫が結婚する
1592		26歳
	3月	名護屋城が完成する
	4月	文禄の役がはじまる
	?月	**名護屋城へ参陣する**（➡P90）
1593		27歳
	8月	秀吉の子、秀頼が誕生する
1594		28歳
	11月	従五位下・左衛門佐に任命される
	?月	**伏見城築城を手伝う**（➡P92）
		竹林院と結婚する（➡P94）
1597		31歳
	1月	慶長の役がはじまる
	5月	矢沢頼綱が病死する

江戸時代

1603		37歳
	2月	家康が征夷大将軍になり、江戸幕府を開く
1604		38歳
	?月	三女・阿梅が生まれる
1605		39歳
	4月	徳川秀忠が2代将軍になる
1611		45歳
	6月	**昌幸が病死する**（➡P108）
1613		47歳
	6月	母・山手殿が上田で病死する
1614		48歳
	7月	方広寺鐘銘事件が起こる
	10月	**九度山を脱出する**（➡P110）
		大坂城に入城する（➡P136）
		真田丸を築く（➡P140）
	11月	**大坂冬の陣**（➡P148）
	12月	**真田丸の戦い**（➡P144）
		大坂冬の陣で和解が成立する

安土桃山時代

年	月	年齢	できごと
1598	8月	32歳	秀吉が病死する
1600	6月	34歳	家康が会津征伐に出発する
	7月		**犬伏の別れ**（➡P96）
			三成が家康を倒すため挙兵する
			家康が小山で三成打倒を決定
	8月		秀忠が宇都宮城から上田城へ出陣
	9月		**第二次上田合戦**（➡P100）
			関ケ原の戦い（➡P104）
			大谷吉継が戦場で自害する
			石田三成が処刑される
	12月		**九度山に追放される**（➡P106）
			上田が信幸に与えられる
			信幸が「信之」と名を変える
			上田城が破壊される
1601	?月	35歳	長男・真田大助が生まれる

江戸時代

年	月	年齢	できごと
			大坂城の堀の埋め立てがはじまる
1615	4月	49歳	**大坂夏の陣**（➡P200）
	5月		**八尾・若江の戦い**（➡P186）
			道明寺の戦い（➡P188）
			誉田の戦い（➡P190）
			家族を政宗にあずける（➡P192）
			天王寺口の戦い（➡P194）
			信繁が死を迎える（➡P198）
			大坂城が落城し、豊臣家がほろびる
1616			信繁の死から1年目
	4月		家康が病死する
1620			信繁の死から5年目
	2月		小松姫が病死する
1622			信繁の死から7年目
	10月		真田家が上田から松代に移される
1658			信繁の死から43年目
	10月		信之が病死する

さくいん

※赤字は人名です。

会津征伐 あいづせいばつ……96
青柳清庵 あおやぎせいあん……112
明石全登 あかしてるずみ……158
赤備え あかぞなえ……202
あぐり……115、204
浅井長政 あざいながまさ……155
安宅船 あたけぶね……91
穴山小助 あなやまこすけ……160
鐙 あぶみ……70
尼ケ淵 あまがふち……47
安房守 あわのかみ……76
井伊直孝 いいなおたか……144
井伊直政 いいなおまさ……105
位階 いかい……76
石合十蔵 いしあいじゅうぞう……152
石垣山城 いしがきやまじょう……61
石田三成 いしだみつなり……62、96、98、104、116
石山本願寺 いしやまほんがんじ……138
伊豆守 いずのかみ……76
出浦盛清 いでうらもりきよ……66
犬伏の別れ いぬぶしのわかれ……96
猪俣邦憲 いのまたくにのり……57
岩殿城 いわどのじょう……36
岩櫃城 いわびつじょう……38
上杉景勝 うえすぎかげかつ……49、74
上杉謙信 うえすぎけんしん……74
上田城 うえだじょう……44、46
上田藩 うえだはん……71
宇喜多秀家 うきたひでいえ……104、158
碓氷峠の戦い うすいとうげのたたかい……59
宇都宮城 うつのみやじょう……63
馬印 うまじるし……196
海野六郎 うんのろくろう……160
江戸城 えどじょう……59
江戸幕府 えどばくふ……154、208
於市 おいち……114
阿梅 おうめ……114、192、207
大蔵卿局 おおくらきょうのつぼね……159
大坂城 おおさかじょう……54、136、138
大坂夏の陣 おおさかなつのじん……200
大坂冬の陣 おおさかふゆのじん……148
大谷吉継 おおたによしつぐ……94、99、105、117
大野治長 おおのはるなが……153、159
おかね……115
岡山口 おかやまぐち……208
小川城 おがわじょう……34
小栗久次 おぐりひさつぐ……196
忍城の戦い おしじょうのたたかい……62
阿菖蒲 おしょうぶ……115
織田信忠 おだのぶただ……37
織田信長 おだのぶなが……32
小田原城の戦い おだわらじょうのたたかい……60
小山田信茂 おやまだのぶしげ……36

甲斐姫 かいひめ……63
角間渓谷 かくまけいこく……66
筧十蔵 かけいじゅうぞう……160
春日山城 かすがやまじょう……48
片倉景長 かたくらかげなが……207
片倉重綱 かたくらしげつな……192、207
鹿角脇立兜 かづのわきだてかぶと……203
加藤清正 かとうきよまさ……91
家紋 かもん……64

唐沢玄蕃　からさわげんば……67
カルバリン砲　カルバリンほう……148
空堀　からぼり……142
川中島の戦い　かわなかじまのたたかい……72
神川　かんがわ……52、102
官職　かんしょく……76
神流川の戦い　かんながわのたたかい……43
木曽義昌　きそよしまさ……36
霧隠才蔵　きりがくれさいぞう……160
キリシタン……158
金箔瓦　きんぱくがわら……46
九鬼嘉隆　くきよしたか……60
九度山　くどやま……106、110、112
鞍　くら……65
黒田官兵衛　くろだかんべえ……138
黒田長政　くろだながまさ……156
軍旗　ぐんき……64
軍配　ぐんばい……65、68
慶長大判　けいちょうおおばん……120
慶長の役　けいちょうのえき……94
元服　げんぷく……31、55
虚空蔵山　こくぞうさん……102
極楽橋　ごくらくばし……148
後藤又兵衛　ごとうまたべえ……156、188
小西行長　こにしゆきなが……90
小早川秀秋　こばやかわひであき……104
小牧・長久手の戦い　こまき・ながくてのたたかい……44
小松姫　こまつひめ……119
小松山　こまつやま……188
小諸城　こもろじょう……100
誉田の戦い　こんだのたたかい……190

さ

斎藤憲広　さいとうのりひろ……38
采配　さいはい……202
左衛門佐　さえもんのすけ……76、93
真田庵　さなだあん……107
真田郷　さなだごう……40
『真田三代記』　さなださんだいき……160
真田十勇士　さなだじゅうゆうし……67、160
真田大助　さなだだいすけ……195、206
真田大八　さなだだいはち……115
真田信尹　さなだのぶただ……31
真田信綱　さなだのぶつな……33
真田信政　さなだのぶまさ……137
真田信幸　さなだのぶゆき……70
真田信之　さなだのぶゆき……205
真田信吉　さなだのぶよし……137、152
真田紐　さなだひも……118
真田本城　さなだほんじょう……40
真田昌輝　さなだまさてる……33
真田昌幸　さなだまさゆき……30、68、100
さなだ松　さなだまつ……199
真田丸　さなだまる……140、142
真田丸の戦い　さなだまるのたたかい……144
真田守信　さなだもりのぶ……193
真田山公園　さなだやまこうえん……147
真田幸隆　さなだゆきたか……40、72
真田幸信　さなだゆきのぶ……115
猿飛佐助　さるとびさすけ……67、160
猿ケ京城　さるがきょうじょう……34
設楽原　したらがはら……32
島津忠恒　しまづただつね……204
島津義弘　しまづよしひろ……104
聚楽第　じゅらくてい……55
仕寄せ　しよせ……144
陣鐘　じんしょう……72

新府城　しんぷじょう……36
すえ　すはま……114、152
洲浜　すはま……65
駿府城　すんぷじょう……60
関ケ原の戦い　せきがはらのたたかい……104
仙台藩　せんだいはん……193、209
千姫　せんひめ……201
潜龍院　せんりゅういん……39
総構　そうがまえ……143
惣無事令　そうぶじれい……56

た

第一次上田合戦　だいいちじうえだかっせん……50
大道寺政繁　だいどうじまさしげ……58
第二次上田合戦　だいにじうえだかっせん……100
高天神城　たかてんじんじょう……73
高梨内記　たかなしないき……112、114
滝川一益　たきがわかずます……42
武田勝頼　たけだかつより……73
武田信玄　たけだしんげん……30
武田信繁　たけだのぶしげ……55

竹束　たけたば……146
『立川文庫』　たつかわぶんこ……160
伊達政宗　だてまさむね……188、190、209
玉縄城　たまなわじょう……59
千曲川　ちくまがわ……47
竹林院　ちくりんいん……94、115、118、204
千鳥掛けの柵　ちどりがけのさく……51
茶臼山　ちゃうすやま……195
朝鮮出兵　ちょうせんしゅっぺい……90
長宗我部元親　ちょうそかべもとちか……158
長宗我部盛親　ちょうそかべもりちか……158、186
築山　つきやま……142
出城　でじろ……141
鉄扇　てっせん……71
鉄二枚胴具足　てつにまいどうぐそく……202
鉄砲狭間　てっぽうざま……147
天守　てんしゅ……138
天正大判　てんしょうおおばん……120
天正壬午の乱　てんしょうじんごのらん……42
天王寺口の戦い　てんのうじぐちのたたかい……194
天目山　てんもくざん……37

戸石城　といしじょう……51、52
藤堂高虎　とうどうたかとら……186
道明寺の戦い　どうみょうじのたたかい……188
徳川家綱　とくがわいえつな……205
徳川家光　とくがわいえみつ……71、205
徳川家康　とくがわいえやす……42、44、104、148、154、194、200
徳川秀忠　とくがわひでただ……100、208
豊臣秀次　とよとみひでつぐ……115
豊臣秀吉　とよとみひでよし……54、60、75
豊臣秀頼　とよとみひでより……137、155、200
鳥居元忠　とりいもとただ……50

な

なお……115
直江兼続　なおえかねつぐ……74
直江状　なおえじょう……74
長篠城　ながしのじょう……32
長篠の戦い　ながしののたたかい……32
長刀　なぎなた……203
名胡桃城　なぐるみじょう……56
名護屋城　なごやじょう……90

成田長親　なりたながちか……62
『難波戦記』　なんばせんき……204
西尾仁左衛門　にしおにざえもん……198
韮山城　にらやまじょう……59
忍者　にんじゃ……66
沼田城　ぬまたじょう……34、45
根津甚八　ねづじんぱち……160

は

長谷堂城　はせどうじょう……209
旗本　はたもと……196
鉢形城　はちがたじょう……62
備前島　びぜんじま……148
平野川　ひらのがわ……140
平野口　ひらのぐち……142
伏見城　ふしみじょう……92
文禄の役　ぶんろくのえき……90
弁丸　べんまる……30、36、42、48
方広寺鐘銘事件　ほうこうじしょうめいじけん……111
北条氏直　ほうじょううじなお……43
北条氏政　ほうじょううじまさ……75
細川忠興　ほそかわただおき……105、204
堀田作兵衛　ほったさくべえ……114
ほら貝　ほらがい……72
本多忠勝　ほんだただかつ……107
本多正信　ほんだまさのぶ……109

前田利家　まえだとしいえ……58
前田利常　まえだとしつね……144
松井田城　まついだじょう……58
松尾新城　まつおしんじょう……40
松尾山　まつおやま……104
松代　まつしろ……205
松平忠直　まつだいらただなお……144
水堀　みずぼり……142
三好伊三入道　みよしいさにゅうどう……160
三好清海入道　みよしせいかいにゅうどう……160
明　みん……90
結び雁金　むすびかりがね……65
村松殿　むらまつどの……152
毛利勝永　もうりかつなが……157
毛利勝信　もうりかつのぶ……157
望月六郎　もちづきろくろう……160

八尾・若江の戦い　やお・わかえのたたかい……186
矢沢頼綱　やざわよりつな……35
安居神社　やすいじんじゃ……199
山内一豊　やまうちかずとよ……157
山里曲輪　やまざとくるわ……148、201
山手殿　やまてどの……30
大和川　やまとがわ……189
山中城　やまなかじょう……60
由利鎌之助　ゆりかまのすけ……160
用土新左衛門　ようどしんざえもん……35
淀殿　よどどの……155

隆清院　りゅうせいいん……115
六文銭　ろくもんせん……64
六連銭　ろくれんせん……64

主要参考文献

『真田信繁 幸村と呼ばれた男の真実』平山優著(KADOKAWA)/『マンガで読む真田三代』すずき孔著・平山優監修(戎光祥出版)/『歴史人2010年10月号 真田幸村 伊達政宗』(KKベストセラーズ)/『歴史人2017年1月号 真田幸村と大坂の陣』(KKベストセラーズ)/『人物叢書 真田昌幸』柴辻俊六著(吉川弘文館)/『双葉社スーパームック 真田幸村』(双葉社)/『真田三代 全合戦ビジュアル大全』(廣済堂)/『真田三代 驚きの戦術をあみだした戦国最強の一族』『歴史街道』編集部編(PHP研究所)/『歴史REAL 闘将 真田一族』(洋泉社)/『別冊宝島 真田幸村と真田丸』(宝島社)/『真田三代 その強さの秘密に迫る!』(ダイアプレス)/『詳説日本史図録』(山川出版社)/『決定版 図説 戦国合戦地図集』(学研)/『歴史文学地図 地図で知る合戦 下巻』(武揚堂)/『ぴあMOOK 真田幸村ぴあ』(ぴあ)

信繁の兜「鹿角脇立兜」(復元)。

111 真田の抜け穴（写真提供：公益社団法人和歌山県観光連盟）

113 雷封じの井戸（写真提供：公益社団法人和歌山県観光連盟）

116 石田三成画像（東京大学史料編纂所所蔵［模写］）／三成が昌幸に宛てた手紙（真田宝物館所蔵）

117 「太平記英勇伝 七十九 大谷刑部少輔吉隆」（東京都立中央図書館特別文庫室所蔵）

118 「東錦昼夜競　真田九度隠家」（山口県立萩美術館・浦上記念館所蔵）

119 「東錦昼夜競　真田信幸室おすみの方」（山口県立萩美術館・浦上記念館所蔵）／信幸・小松姫像（フォトライブラリー提供）

120 天正大判・慶長大判（日本銀行貨幣博物館所蔵）

139 「大坂夏の陣図屏風」（大阪城天守閣所蔵）

141 古地図に示された真田丸（国立国会図書館所蔵）

143 四角形にえがかれた真田丸（国立国会図書館所蔵）

145 「大坂冬の陣図屏風（肉筆模写）」（大阪城天守閣所蔵）

147 真田山公園（フォトライブラリー提供）

151 三の丸の石垣跡（PIXTA提供）

154 徳川家康画像（東京大学史料編纂所所蔵［模写］）／真田幸村巡見図（上田市立博物館所蔵）

155 豊臣秀頼公肖像画（養源院所蔵）／秀頼自害の地（フォトライブラリー提供）／「伝淀殿画像」（奈良県立美術館所蔵）

156 後藤又兵衛画像（国立国会図書館所蔵）／又兵衛の甲冑［日月竜文蒔絵仏胴具足］（大阪城天守閣所蔵）

160 真田父子上田籠城図（上田市立博物館所蔵）／幸村と佐助（国立国会図書館所蔵）

189 小松山古戦場跡（フォトライブラリー提供）

195 信繁の本陣跡（フォトライブラリー提供）

197 真田幸村勇戦之図・家康大仁村難戦図（上田市立博物館所蔵）

199 信繁の戦死地（フォトライブラリー提供）／さなだ松（PIXTA提供）

202 鉄二枚胴具足（大阪城天守閣所蔵）／血染めの采配（越葵文庫 福井市立郷土歴史博物館保管）

203 長刀（越葵文庫 福井市立郷土歴史博物館保管）／信繁の刀（真田宝物館所蔵）／鹿角脇立兜赤備具足［復元］（写真提供：上田市マルチメディア情報センター）

204 真田信繁像（写真提供：上田市マルチメディア情報センター）

205 晩年の信之（国立国会図書館所蔵）

206 「東錦昼夜競　真田九度隠家」「魁題百撰相　滋野大助」（山口県立萩美術館・浦上記念館所蔵）／大助と信繁の墓（フォトライブラリー提供）

207 「太平記拾遺 四十二 片倉小十郎重綱」（東京都立図書館特別文庫室所蔵）

208 徳川秀忠画像（東京大学史料編纂所所蔵［模写］）／徳川秀忠の憩石（フォトライブラリー提供）

209 伊達政宗画像（東京大学史料編纂所所蔵［模写］）

220 鹿角脇立兜［復元］（写真提供：上田市マルチメディア情報センター）

写真資料所蔵・提供一覧

3 「大坂夏の陣図屛風」(岐阜市歴史博物館所蔵)/真田幸村画像(上田市立博物館所蔵)

10 上田城(Getty Images提供)/沼田城跡・犬伏新町薬師堂・忍城・新府城跡(フォトライブラリー提供)

11 伏見城・安居神社・名護屋城(フォトライブラリー提供)/大阪城(Getty Images提供)/真田庵跡(写真提供:公益社団法人和歌山県観光連盟)

15 真田幸村像(写真提供:上田市マルチメディア情報センター)

35 沼田城跡(フォトライブラリー提供)

37 織田軍に追いつめられる勝頼(国立国会図書館所蔵)

39 岩櫃城本丸跡・潜龍院跡(フォトライブラリー提供)

40 真田郷・真田本城跡(写真提供:上田市マルチメディア情報センター)

41 信綱の墓(写真提供:上田市マルチメディア情報センター)

45 上田古図(上田市立博物館所蔵)

47 金箔瓦(上田市立博物館所蔵)/現在の上田城の城門(写真提供:上田市)/上田城の堀(写真提供:上田市マルチメディア情報センター)

51 「信州上田合戦図」(上田市立博物館所蔵)/戸石城跡(写真提供:上田市マルチメディア情報センター)

55 「聚楽第行幸図屛風」(堺市博物館所蔵)

57 名胡桃城跡(フォトライブラリー提供)/昌幸に宛てた秀吉の手紙(真田宝物館所蔵)

64 真田幸隆の軍旗(真田宝物館所蔵)/真田家伝来の軍旗(上田市立博物館所蔵)

65 真田信幸の鞍・真田信幸の軍配(真田宝物館所蔵)/真田幸村勇戦之図・真田昌幸の甲冑(上田市立博物館所蔵)

66 角間渓谷(写真提供:上田市マルチメディア情報センター)

67 猿飛佐助像(フォトライブラリー提供)

68 真田昌幸画像(上田市立博物館所蔵)/昌幸の軍配(真田宝物館所蔵)

69 昌幸の刀・昌幸の甲冑(真田宝物館所蔵)

70 真田信幸画像・信幸の鐙(真田宝物館所蔵)

71 信幸の鉄扇・信幸の甲冑(真田宝物館所蔵)

72 真田幸隆画像・幸隆の陣鐘・ほら貝(真田宝物館所蔵)

73 武田勝頼画像(東京大学史料編纂所所蔵[模写])/昌幸に宛てた手紙(真田宝物館所蔵)

74 上杉景勝画像・直江兼続画像(米沢市上杉博物館所蔵)/景勝・兼続像(フォトライブラリー提供)

75 北条氏政画像(小田原城天守閣所蔵)/豊臣秀吉画像(東京大学史料編纂所所蔵[模写])/沼田城跡・伏見城の石垣跡(フォトライブラリー提供)

91 「肥前名護屋城図屛風」(佐賀県立名護屋城博物館所蔵)

92 福山城伏見櫓(フォトライブラリー提供)

107 真田庵跡(写真提供:公益社団法人和歌山県観光連盟)

109 昌幸の墓(写真提供:公益社団法人和歌山県観光連盟)

イラストレーター紹介

Natto-7

1～4章場面イラスト／真田信繁／直江兼続／北条氏政

あおひと

真田信幸／真田幸隆／竹林院／小松姫／後藤又兵衛／毛利勝永／長宗我部盛親／明石全登／大野治長／真田大助／阿梅／伊達政宗

pigumo

1～4章解説イラスト／「なるほどエピソード」･「ウソ？ホント!?」

松浦はこ

1～4章新聞イラスト／矢沢頼綱／第一次上田合戦／誉田の戦い／徳川家康

成瀬京司

1～4章 CG

福田彰宏

真田昌幸／長篠の戦い／上杉景勝／豊臣秀吉／石田三成／大谷吉継／徳川家康／秀頼の誕生

喜久家系

武田勝頼

なんばきび

鳥居元忠

宮本サトル

徳川秀忠／加藤清正

山口直樹

豊臣秀頼

tsumo

淀殿

狛ヨイチ

大坂城包囲／千姫

マンガ家紹介

藤科遥市

マンガ「真田家の次男坊」／マンガ「父昌幸とともに」／マンガ「激闘、真田丸！」／マンガ「日本一の兵！」

桐丸ゆい

1～4章4コママンガ

監修者 矢部健太郎（やべ けんたろう）
1972年、東京都生まれ。國學院大學大学院文学研究科日本史学専攻博士課程後期修了、博士（歴史学）。現在、國學院大學文学部教授。専門は日本中世史および室町・戦国・安土桃山時代の政治史。おもな著書に、『豊臣政権の支配秩序と朝廷』（吉川弘文館）、『関ヶ原合戦と石田三成』（吉川弘文館）、『関白秀次の切腹』（KADOKAWA）など。監修に『超ビジュアル！日本の歴史人物大事典』『超ビジュアル！日本の歴史大事典』『超ビジュアル！戦国武将大事典』『超ビジュアル！歴史人物伝 織田信長』『超ビジュアル！歴史人物伝 坂本龍馬』『超ビジュアル！歴史人物伝 伊達政宗』『超ビジュアル！歴史人物伝 豊臣秀吉』『超ビジュアル！歴史人物伝 徳川家康』（すべて西東社）などがある。

CG製作　成瀬京司
マンガ　藤科遥市、桐丸ゆい
イラスト　あおひと、喜久家系、狛ヨイチ、なんばきび、福田彰宏、松浦はこ、宮本サトル、山口直樹、Natto-7、pigumo、tsumo
デザイン　五十嵐直樹　大場由紀（ダイアートプランニング）
地図製作　ジェオ
DTP　ダイアートプランニング、明昌堂
校正　マイプラン、群企画
編集協力　浩然社

超ビジュアル！歴史人物伝 真田幸村

2018年12月10日発行　第1版
2023年 9 月15日発行　第1版　第6刷

監修者　矢部健太郎
発行者　若松和紀
発行所　株式会社 西東社
〒113-0034　東京都文京区湯島2-3-13
https://www.seitosha.co.jp/
電話　03-5800-3120（代）
※本書に記載のない内容のご質問や著者等の連絡先につきましては、お答えできかねます。

ISBN 978-4-7916-2713-4